피아노

피아노

이경란

맵씨터

▌自序▐

며칠 전만 해도 요란하게 울던 매미가 보이지 않는다.

하나둘 잎이 지는 소리와 함께 풀벌레도 숨어 버렸다.

내가 즐겨 찾는 산책로 옆으로 경의선 열차는 열심히 오간다.

소나무, 전나무 숲을 걷다 길가에 앉아 무심히 돌을 들추어 보면 개미들의 살림살이가 한눈에 들어온다. 나는 개미들의 부지런함이 부러워 개미에게 "참 열심히 산다." 라고 말을 건넨다.

나는 배움도 끈질김도 없다. 그런데 하늘은 내게 과분한 은혜를 주셔서 문학의 길을 걷게 해 주셨다. 무섭고 냉정한, 그러나 참으로 신실한 스승을 만나게 해 주었다. 유영숙 선생님은 나이 먹고도 철없는 나를 지도하느라 나보다 더한 인내를 해야만 했다. 글이 써지지 않는다고 찔끔거리면 집에만 있지 말고 밖에 나가서 자연을 보라고 더 애타셨다. 남편이 지레 지쳐서 잠만 자는 나를 묵묵히 기다려 주었기에 그 인내심에 내던졌던 연필을 다시 잡을 수 있었다. 은인들의 애틋한 사랑으로 그동안 써 모은 시와 수필을 하나로 묶게 되었다. 어릴 적 무지개 같은 꿈을 이룬 것이다. 글 쓰는 시간만큼은 내 삶에 활력소가 된다.

바쁘신 중에도 시와 수필을 꼼꼼히 읽어 주시고 촌평을 써주신 유영숙 선생님께 진심으로 감사드린다.

한참이나 부족한 글이지만 더욱 분발하여 좋은 글을 쓰라는 뜻으로 출판을 맡아주신 한국문화사와 편집부장님, 담당 직원들께 심심한 감사를 표한다.

나에게 관심과 격려 아끼지 않았던 가족들과 지인, 선후배 문우들에게도 감사한다. 부끄러운 글 읽어주실 독자들께도 진심으로 감사하고 싶다.

2013년 가을

이 경 란

▮차례▮

1부 오래된 친구

2부 피아노

3부 어머니 마음

4부 명태

5부 빈 집

6부 수필 **우리 동네 집배원**

1부
오래된 친구

가을 남자

키 큰 플라타너스 나뭇잎
짙푸르던 열정은
흐르는 시간에
정수리부터 벗겨져
훤하게 하늘로 열려
지붕도 담장도 없는
탁 트인 곳에 살고 싶은 것인가

짧아진 햇살 사이로
번들거리는 골 깊은 이마
삐거덕삐거덕 힘겨운
자전거 페달 소리

그 남자의 퇴근길

오래된 친구

방 한구석에
책상 하나 있습니다

지난날 사춘기를 겪으면서
마음에 일어나는 감정을
드러내지 못하고
참아 내기만 했던 내게
어머니는 책상 하나 사 주셨습니다

그때부터
갈색 등에 엎드려
웃기도 하고 울기도 하며
내 속내를 털어놓았습니다

지금도 휘어진 등을
기대고 60여 년의 삶을

서로 투정하고 있습니다
내겐 뗄 수 없는 친구입니다

까치 집

하늘로 뻗은 미루나무에, 내가
살고 싶은 집 한 채 있다

화려하지도 않은
둥근 집에서
재잘거리는 행복
한참이나 쳐다보다가

나뭇가지에
그네 뛰는 아이가 되고 싶다

바람이 지나가다 흔들어 주고
구름이 넘실 건너와
친구가 되는,

지붕도 없어

하늘 보이는 저 천상의 자유
나는 그저 새가 되고 싶다

훗날에

산 높고 골 깊은 곳에
토담집 지어놓고
몇 권의 책과 옷

인적 없어 불빛도 쉬는 곳
물소리가 읊조리는 노래
한 음절 한 음절 노트에
적으며 살 수 있다면 참 좋겠다

마당에 풀어 놓은
토종닭 몇 마리가
집 아닌 풀숲에 알을 낳아도
욕심부려 거두지 않고
친구 온다는 소식에
우거진 풀 길 호미 잡은 손
물집 잡혀도 괜찮겠다

땅거미 지면 더 외로워
이슬이 눈물 되어도
어느 것과도 바꾸고 싶지 않은
연둣빛 꿈 하나 안고 산다면
난, 행복하겠다

온실 화초

바람 없는,
햇살만이
느슨해지는 하루

세상 풍경 아른거려
몸이 움찔거린다
나뭇가지 움 돋는 소리 그리워
발끝이 간지럽다

갇힌 마음
야금야금 걸어나가

터질 듯 탱글탱글한
햇살 아래
꽃잎 되고 싶다

그곳에는

산골 마을 외길 하나 따라가면
소나무 우거진 숲이 있다

산 중턱 바위산에서 낙하하는 물줄기는
튀어 번지는 하얀 면사포를 하고
안개 숲을 만들다가
정갈한 몸으로 흘러
등줄기 파닥거리는 고기를 키운다

벌레들 모여든 굴피집 하나
연둣빛 이끼들이 수런대면
새벽이슬에 반짝이는 풀잎 하나
영혼을 씻는다

변비

나무 밑에 앉아 있노라니
새 한 마리 파드닥 똥을 싸고
달아난다
새가 싸놓은 배설물
질펀하게 번진다

날아다니는 새도 하는 일
나는 못하고 있다
먹기만 하고 시원하게
쏟아 내지 못한다
쪼그리고 앉아
내 안에 쌓인 잉여물
다 쏟아 내고 가벼이
새처럼 날고 싶어 얼굴 붉히는데

싸릿대는 바스락거리고

달빛은 차기만 하다

그 집

후미진 산 속
외딴 초가집
봄이면
아궁이에 불 지펴
산나물 데치고

반딧불 날아들어
별들
풀밭에 내려앉았던 여름

가을빛 찬란하게
붉은 옷 갈아입었다가 떠난 후에는

고요한 산야가
하얀 이불을 덮고
낮은 기도가 있지

어미 닭

새싹들이 파릇파릇한데
난 웅크리고 있다
아들이 내 안에서 빠져나간 지
서른아홉 해
촛불 켜 생일 축하 해준 날

알맹이가 빠져나가고
오래전 아기집이 허물어졌을 내가
자꾸 닭장을 기웃거린다
토종닭이 짚단 위에 알 하나 떨구고
엉거주춤 서 있다
저 알을 품고 싶다

실바람에 날리는 머리카락이
쭈뼛 일어선다

시 쓰기

마음을
흐르는 물에
씻었으면 좋겠네

버릇처럼 되어버린
잡풀 같은 말
바람에 날려
보냈으면 좋겠네

한적한 산야에서
절제된 글
쓸 수만 있다면

헐벗은 겨울나무라도
어쩌겠나
속없다 해도

괘념치 않겠네

어머니의 집

산모퉁이 돌아서면
소슬바람 찾아드는
옛 기와집 하나

굴뚝연기 뽀얗게 오르면
부글부글 끓어오르던
구수한 밥 냄새

저녁밥상 들고 들어서는
어머니의 하얀 버선발이
내 눈에 아련하다

마당에 이끼들이 자라고
소꼴 지고 나르던 지게는
집을 지키는데
더덕밭은 풀숲에 눕고

오가던 샛길도 풀숲에 묻혔다

그리움에 차오른 보름달
어머니 집을 맴돌고 있다

2부
피아노

밤꽃

산에서
동네 어귀에서
사내들의 결집이다

길고 뭉툭한 털숭이 꽃
생리통 같은 아린 통증이다

비릿한
울렁임이다

옷깃을 여미고
부채질해야 하는
한낮의 열꽃이다

피아노

놓아주지 않는다
발목까지 잡아채던 너
손이 떨린다
흰 상아, 검은 눈빛이
제 속내 드러내지 않으려
죽은 듯 고요하다

즐거움도 아픔도
함께했던

이제
새 주인 가까이 온 듯한데
서로 입 꾹 다문 채
눈시울만 뜨거워진다

수화기를 들었다
"피아노 팔지 않겠습니다."

뚝배기

타고난 성격이라 하기에는
너무 우직한

보잘것없는 살림
반문할 겨를도 없이
온몸으로 받아들여
맛나게 끓여 내기도 했던

이젠, 닦아도
새것으로 돌려놓을 수는 없어
찬장 밑으로 내려졌지만
한두 개 이빨 빠져도

된장 풀고
풋고추 썰어 넣으면
보글보글 구수한 사랑을
끓여낸다

하루 · 1

새떼가 우르르 날아와
추운 아침을 쫀다

술렁이는 출근길
나는 갈 곳이 없다

놀이터를 서성이며
하루해를 걷다
아이들이 버린
먹이를 쪼는
참새들을 보며
자꾸만 조여드는
날개를 퍼덕여 본다

하루 · 2

핸드폰이
충전하라는
신호음을 울리는 순간
앞차를 추돌했다
서로 잘못이 없다 싸움박질하는 순간
새 차가 트레일러에 실려 끄덕대며 간다

예약한 음악회는
나 없이도 시작되었을 것이다

지구 상에 수없이 일어나는
행과 불행 태엽에 감은 채
시간은 냉정한 박동으로
말없이 흐른다

코스모스

가을 햇살에
해맑게 웃기만 하는
당신 앞에

바람인 나는
그대의 뜰을
서성입니다

밤이 새도록
이슬에 젖은 꽃잎

가냘픈 모습
고운 당신을
와락 껴안고
나 또한 웃습니다

오래오래
부대끼고 싶은

*꽃말 : 순정

춘곤증

일찍 깨어난 탓에
자투리 잠이 따라 나선다

무거운 눈꺼풀
산수유 꽃망울에 내려앉고

재래시장
바구니 속 냉이
게슴츠레 졸고 있다

난

난석에 뽀얀 발을 묻고
베란다에 들어와
내게 머문 지 수년

떨고 선 가는 맥이
계절을 몇 바퀴 돌고서야
하나의 촉을 세우네

홍건히 젖는 사랑에도
무리 지어 내밀지 않는 난

안개 걷힌 햇빛이라면
뛰쳐나올 것 같지만
지조 높은 절개

인고의 은빛 진액
힘줄 뻗어 올린 꽃

산수유

바위 틈에
뿌리박고 있는

얼어붙은
강을 건너왔을 때
만지면 울음이 터질 것 같았지

시린 봄날
서러워하며
긴 여름도 묵묵히 견디며

야위어 가는
가을 햇살에도
알알이 여물어

술렁이는

바람 속에서
빨갛게 웃고 있는

그녀

달맞이꽃

뜨거운 햇살에
타들어 가는 그리움
느낄지라도

기다림이 익을수록
설레는 마음

죽어도 좋을 만큼
사랑하다가
길섶에 누울지라도

단 하룻밤의 짧은 만남이
절정에 다다르면
내 성의 분화구가
불을 뿜듯 터져

꽃이 되리

양귀비꽃

안갯속에
몽롱한 이파리
손끝만 닿아도
스러질 것 같은

처연히
피고 지는 사랑
탐낼수록
마법에 걸린 듯

다가서기조차
조심스러운
고열의 사랑

3부
어머니 마음

어머니 마음

환기시키려고
열어놓은 창문으로
파리 한 마리 들어 왔다
"어머니, 파리채가 어디 있어요" 묻는 내게
"놔둬라, 추워서 집으로 들어왔구나.
조금 후에
몇 마리가 또 들어 왔다
에프 킬라 찾는 내게
"놔둬라, 어미 따라왔나 보다"

우리 집
항아리에 꽂인 파리채가
눈에 거슬린다

쓰임 돌

대문 앞에
잘나 보이기도
못나 보이기도 한
큰 돌 하나 버티고 있다

걸려 넘어져
심심찮게 말썽이 되다
요즘은 있는 것보다 없는 게
나을 성싶다 했는데

깊은 밤
초대하지 않은
밤손님 들어오다
돌에 걸려 나가자빠져
흉한 일 면했으니
못난 돌이 쓰임 돌이 되었다

멋없어도
세상사 험한 일 막아주고 있는
남자의 고마움 잊고 있었다

이슬

타들어 가는 저 풀잎

밤이 새도록
한 방울 한 방울 모은 사랑
풀잎에 쏟아주고
아침 햇살에 스러지는

모든 진액 다 내어주고
야위는 어머니의 눈물

후회

부고가 내 앞에 당도하기 전에
나는 그에게 달려갔어야 했다
만나자는 그의 약속을
거절하지 말아야 했다
그가 아파하기에
나 또한 아픔이었다면
그의 가슴에 멍은 남기지 말았어야 했다
못했던 용서와 사과
가슴을 짓누르는 부고장

조강지처

새벽 중간쯤의 시간에
가득 채운 열기가
그이와 함께 빠져나갑니다

서늘해지는 마음
한참이나 뒤척이다가

대문 앞에 웅크리고 앉아
하나둘 걸어 나오는 별을 봅니다

어두움 헤치고
뚜벅뚜벅 걸어오는
그이의 새벽 퇴근길

어서
밥상을 차려야겠습니다

바람의 집

저녁노을
살며시 물드는
호젓한 산마루
가지 끝에 그네 타는
바람의 집

달빛
문틈으로 들어와
소나무 잎
그늘 내리면

호르르 불 끄고
팔베개에 누워
칭얼거리다
잠드는

여행

냉장고에 먹을 양식
쌓여 있어도 이 음식 다
어쩌나 말자

뒷산
죽순이 자라
몸을 단단히
키우느라 자박대는
바람 소리도 애타 말자

주고 싶고
받고 싶은 사랑
남았다 해도
그냥 가자
그냥 가기만 하자

아쉬운 삶도
아깝다 말자

하나의 별빛
유유히 간다

낚시

떡밥을 또 던진다
한 마리만
내 안에 들어오면
집에 가 잠을 자리라 했던
오후 내내
흘러간 시간이 아까워
미끼를 몽땅 물에 던져놓고
시간을 걸었지

멀리에서
큰 고기가 펄쩍 물위로
튀어 오르는데
참으로 비정한 내면의 허탈감

강태공 같은
천연함

터득하려고 했다면
조바심내지 말았어야지

소띠 여자

밭을 간다
두 고랑이나 쳤을까
그 우직한 것이 달아나 버렸다
돌부리에 발등이 아프다는 핑계다

엉덩이 실룩거리며
힝힝 콧김을 낸다
툭하면 그 짓이다

밭갈이하는데 속 터져
새끼나 낳으라 했다
얼씨구나, 그 말에 꽃단장하고
집안 살림만 한다

일 안 하는 암소
누가 좋아하랴만

착한 낭군 만나
남매 낳았으니
그 또한 자기 복이라

그 소띠 여자는
겨울에 태어났다는 거다

잠 못 이룬 밤
-기도원에서

반란이다
천장에서 뭔가 우르르 쏟아져
덮칠 것 같은 떨림이다

불확실하고 서러운 밤이다
어두운 외딴 집
나무껍질이나 갉아 먹는
야박한 숲이다

똬리 틀고 있는
도시에 대한 연민
그에 버금가는 욕망이
자꾸만 내 안에 상주하려 한다

잠 못 이룬 밤
보랏빛 여명 속에

새들의 노래가 들린다
작은 새들
시어를 읊는 것은
궁색한 나를 위로함인가

오늘

묵은 때
닦아내며
살겠다고
자청한 길

골 깊은 산 속
외로운 외침
구릉에서 맴돌다
다시 돌아온,
바람 차다

숲은 잿빛 안갯속에 있고
겨울은 아직도 잔설로 남아
꽃잎은 언제 보나
자꾸만 날갯짓하고 싶어
빨간 꽃무늬 옷 입고 흩날려 볼까
오늘 봄을 입는다

4부
명태

명태

어시장 나무상자 안에서
시퍼렇게 눈 뜨고 있다
멈추지 않는 활동이
등줄기에서 파도치고
점점 떨어져 나가는
겨울 바다가
촉촉이 눈 안 가득 고여 있다

산수유 · 2

싸한 늦가을 바람맞으며
붉어 터질 듯 차디찬 얼굴
산책길에 홀로
차마 두고 올 수 없어 따서
가슴에 품고
백일을 약속했지

날이 갈수록 궁금하여
그만
뚜껑을 열었지

맑은 유리잔에 담긴
너와의 첫 입맞춤은
익지 못한 풋사랑이었어

아!

지켰어야 했다
백일의 약속

그래야
농익은 붉은 사랑에
취할 수 있었겠다

*꽃말: 영원불멸의 사랑

밤나무

숲이 흔들리네
진통의 소리
바람이
온몸의 기를 풀어내
해산을 돕네

아람 벌어져
낙엽 위에
툭툭 떨어지는 알밤

돌 틈 사이에서
눈독 들이며 기다리던
다람쥐 가족
귀 쫑긋 세우고 있다가
제 양식 챙겨 달아나고

해산으로 수척해진 숲
노을이 감싸고 있네

끝물 고추

두타산 고지에서
잘 익은 맏물 자식들
좋은 곳으로 보내고

늦둥이들
짧은 햇살에
조롱조롱 매달려 크고 있지만
저 어린것들 무엇에 쓸까

서리 오기 전
고춧대 싹둑 잘라
자리에 눕히면
움츠리는 어린 것들

겨울, 이른 봄날에
훌륭한 밑반찬되어
밥맛 잃을 일 없을 거네

외조

이때쯤이면
만삭이 되어야 할 여자가
뱃가죽이 등에 붙었다

시인이 되겠다더니
8개월째 애먼 방바닥
빡빡 닦아내며
어영부영 시간만 보낸다

지켜보는 남자는
밥 먹고 그것도 못하나 싶어 속 터지지만
맘 상할까 말도 못하고 어느 날
직장에서 눈에 꽂힌 시집 한 권 들고 와
책상에 슬쩍 올려놓았다

이 책 읽고

씨앗 하나 품으면

가을이라도 얼마나 좋을까

가을 산

가을 산이
바람났네

하늘빛에 반사된
제 모습 보고

어제는 푸른 옷
오늘은 노란 옷
내일은 당단풍 되겠네

바람이
길 열어주어
치맛자락 살포시 들고
고즈넉한 춤사위
한판 벌려보자 하네

홍조 띤 가을
가을 산이
훨훨 먼 여행 떠나네

꽃무릇

한 이름
한 몸인데
잎과 꽃 만날 수 없어
아슬이 붉게 핀 꽃

기다림으로
오래 머물 수 없어
가늘어져 가는 핏줄
죽어서도
죽을 수 없는
저린 사랑

당신이 떠난 꽃 진 자리
아리도록 고운 당신을 위해
푸르디푸른 옷을 입었습니다
당신이 지어준 옷 입었습니다

*상사화처럼 잎 없이 훌쩍 올라온 꽃대 끝에서 꽃을 피운다. 가을에 피어 꽃 지고 나면 잎이 나온다. 꽃은 화려하지만, 여느 꽃보다 서글프다. 잎사귀가 없어서다 석산 꽃이라고도 한다.

쓰나미

하늘의 심정은 어떠할까

지구촌 사람들이 안타까워
차마 볼 수 없었던 지진
억 소리도 낼 수 없을 만큼
순식간에 휩쓸고 간 참사

평생 쌓은 재산
사라진 삶의 터전
가족을 잃은 울부짖음까지도
삼켜버린 쓰나미
9.0의 대지진
하늘도 울었겠다 싶다

방사능 유출 공포에 떠는 피난민
다국민의 탈출

계속되는 여진
지구촌 사람들이 떨며
재난이 끝나길 빈다

(2011.3.11. 금요일 오후 2시 46분 일본 동북부지역 9.0의 대지진)

자전거

한 시간 남짓 절뚝거리며
달려와 여지없이 눕는다

출퇴근 교통비 아끼자고
중고를 사들인 후 4, 5년
함께하면 마음이 편했다
그러나
이제는 늙어 더 이상 못 가겠다
주저앉는다

고민 끝에 그를 놓아주고
새 자전거의 몸값은
서민 한 달 생활비
계산이 복잡해진다

그러나

멋있는 그의 품새 앞에서
'일시불' 하며 없는 배를 내민다
나이 탓인가
'3개월 무이자로 할걸' 하고
후회해도 소용없다
새 자전거, 거실에 들여다 놓고
꿈꾼다, 중산층 삶을

병실

문병은 허락하지 않았다

오래전
집을 지은 붉은 벽돌
빛이 사라진 지 오래다

작은 풀잎도 자라지 않고
시들어 버리는 마음 한 자리

내 재간이 턱없이 모자라
시어는
세상에 나오기도 전에
잘라야 하는 아픔

단 한 편 낳고 싶어
오늘도 열병을 앓는다.

손자

뒤뚱뒤뚱 걸으며
시장 따라간 아이
채소 파는 아주머니께
고개 끄덕 인사하면
오이 하나 생기고
과일 가게 아저씨께
졸음 인사해도
자두 하나 생긴다
칼국수집 문 열고
들어서면서
배꼽인사만 해도
만두 몇 개는 덤으로 나오는데

어쩌다 나 혼자 시장가면
준섭이 어디 아프냐
모두 걱정이다

5부
빈 집

마지막 잎사귀

가지 끝에 명줄 걸고
비애를 바람 속으로
조금씩 털어낸다

남은 춤사위
그리 나쁘지 않아
한삼 자락에 감춰진
연민이 사각사각
소리를 낸다

빈집

나뭇잎 흔들리는 소리에도 놀라
금융의 파편을 피해 떠난 길

곤한 시간의 초점은
안갯속으로 비틀거려

내 발길은 어딘지 알 수 없는
숲 속 길 외딴 마을
초가집 한 채

습기에 차오른 장판지 위에
찌르륵거리던 풀벌레가
같이 눕잔다

바람은 침묵을 깨고
마음 한 자리

내어준 산비탈

개망초가
하얗게 웃고 있는
빈집이다

지팡이

그의 기척에 눈을 떴다

훤칠한 몸매는 아니어도
곁에 있어 든든한,
곁에 있다 하여 정답지는 않다

내가 아플 때 아파하는지
내가 슬플 때 슬퍼하는지

아니,
헛기침하며
아픈 마음 숨겼는지
알 수는 없다

세월의 바람을 안고
곧은 사랑을 지키려

투정할 수도 없었던

손때 묻은 지팡이 하나
내 곁을 지키고 있다

알

미루나무 16층 3호
눈이 퀭한 몰골이 보인다

몇 날 며칠
잠 못 자게 하던 것이
여나믄 되는 알을 품었다

둥지에 앉은 엉덩이는
시큰거리고
등에는 진땀이 흐른다

날 수를 세는 밤
애먼 시간 오고 간다

겨울바람 세차다
힘들어 낳은 알

꺾이지 않는 날개 달아 주고 싶다
이름표를 달아 주고 싶다

비틀비틀 일어나는
시
한 줄

여름 바다는

잔잔한 바다는
기다리는 여인이었다

휴식을 찾아든 수많은 인파에
다 퍼주어도 메마르지 않는 사랑
바다는 눈물 흘려야 할 때를 기다리는 여인
함부로 울지 않는다

많은 사람이 헤집고
폭우가 몸을 할퀴어도
하얗게 부서지는 파도

산호꽃 같은 마음
멈추지 않는 어머니를 본다

부서진 모래밭에서

그 이름 시리게 다가오면
나도 바다가 되고 싶다

가을 장미

붉어진 입술을 보았네

뜨겁게 달구어진
가슴으로 부둥켜 안은
늦은 꿈 하나
찬 이슬에도 스러지지 않아
인색해진 가을 햇살을 모아
폐 속 깊숙이 들이키며
여린 모가지 바람에 흔들리고 있네

나뭇잎 지는 숲이 숨 가빠도
돌아가고 싶지 않을 때가 있네

바닷가 산기슭에서
마주친 기차의 외침도
숨죽이게 하는 꽃 한 송이

가을이어도
슬프지 않네

작은 누나

봄볕에
하얀 배꽃 같은

검은 치마 흰 저고리
촘촘히 땋은 머리만
보아도 가슴이 멎는 듯

작은 일에도 손뼉 치며
티 없이 웃던
그러다가도
수심에 싸이는 얼굴

누나가 앓는 이유는
결벽증
죄에 대한 뉘우침이
늘 아픔인 것을

오리가 물에 잠겨도
털에 물이 묻지 않는 것처럼
물 묻지 않았는데
늘 날개를 터는 누나

나는 배꽃 만발한
길에서
누나를 본다.

아니 오신 듯 다녀가소서

전나무 숲 언덕에 세워진 수련원
2월의 산야는 하얀 이불을 덮고 있다.

오랜 도시의 삶으로
자연의 소리가 익숙지 않아
바람 소리에도 무서워
성전 한구석에서 산비둘기처럼 떨며
소명의 삶을 승화시킬 수 없을 것 같아
목메어 울부짖던 길고 깊은 기도
여린 잔디는 잔설 밑에서 듣고 있었나 보다

눈 녹은 계곡의 물줄기 용트림할 때
산천은 온갖 생물을 키워내고
짐승들 신접살림에 분주했던 봄날

지난겨울 생채기는 바랭이 풀뿌리에 묻히고

호미의 수고로움에 싱그러워지던 신심 몇 해

그러나
편안해지려고만 하는 마음 하늘이 허락지 않아
정든 풀잎 하나도 두고 가기에 미안해
겨울잠 잘 때 무겁게 내려놓은 문빗장

말없이 쏟아지는 흰 눈
길섶에 낡은 팻말 입을 연다.

"아니 오신 듯 다녀가소서"

아버지 용돈

댓돌 위에
올망졸망
흙 묻어온 신발

저녁 바람 아궁이 재만 날린다.

숯처럼 시커멓게 타들어 가는 속내
애써 숨기려다
술 한 잔에
목청 커진 아버지 훈계
밥때는 남의 집 가지 마라
불호령 같은 말씀에도
배고픔을 참지 못하는 첫째 형

싸잡아 매를 맞는다.
싸릿가지 휘-익

바람 일으키면
여린 손등 발갛게
고이는 눈물

칼날처럼 세워진 아버지의 자존심
깊은 속주머니에서
소금같이 짠 용돈
형에게 한 닢 더 간다.
서러움에 씩씩거리던 형

아버지 젖은 눈빛
보고서야
엉엉 운다.

양말

윗자리 차지 못해
바닥 길을 한없이 가다가
늘어져 비늘처럼 떨어져 간다

아쉬움 하나 없는,
내쳐진 삶이 자유랄까
오히려 밟히지 않는 빈곤
잠을 잔다

들국화

넘치지 않고
가난하지도 않는 너에게
입맞춤을 보낸다.

태양에 이글거리던 열망도
체념하듯 안으로 다 식히고
기다림이 길었던 가을볕에
곱게 피었구나.

넌들 무서리 내리는 길섶에서
떨고 싶겠느냐

가을밤 풀벌레소리 잠 못 들게 하여도
우는 듯 아니 울고 웃음이 헤프지 않는
스스럼없는 너를
나는 사랑하고 싶다

이 가을

6부 수필

우리 동네 집배원

우리 동네 집배원

홍천군 내면 면 소재지에 아담한 우체국이 있다. 국장 한 분과 사무직원 세 명과 집배원 여섯 명이 전부다. 적은 인원으로 산골 주민을 위한 일은 어려움이 많은 듯하다. 특히 신문 보급소가 없어 홍천 시내에서 보내오는 각 신문도 우체국에서 가정으로 보급해야 한다. 또 난청지대라 TV도 못보고 길이 멀어 택배가 안 되어 우체국으로 보내옴으로 집배원들의 일이 더 많은 것 같다. 다른 동네를 담당한 집배원도 그렇겠지만, 우리 동네 명개리 담당 허 선생은 200호의 우편물을 배달하려고 하루 250리 길을 다녀야 한다. 오대산 내린천 상류를 거슬러 깊숙이 들어가면서 강을 중심으로 밭 가운데, 갈라진 계곡마다 몇 채의 가옥이 있는가 하면 양쪽 산 어귀 끝자락에도 군데군데 가옥이 있고 산등성 소나무 숲 사이에도 띄엄띄엄 몇 채씩 마을을 이루고 있다. 밀집해 있는 가옥은 열 채 남짓할까? 전화, 전기도 없는 오지 마을까지 허 선생 몫이다. 버스가 다닐 수 없는 그 외길을 마흔이 된 허 선생은 봄, 여름, 가을, 겨울 하루도 빠짐없이 17년째 집배원의 일을 천직으로 알고 당신의 소임에 최선을 다하는 분이다.

이곳 오지마을로 이사 온 우리 부부는 60리 밖에 있는 읍내 우체국을 찾아갔다. 편지를 부치기 위해서였다. 갑자기 서울을 떠나온 우리를 염려하는 부모· 형제 지인들께 전화 안부도 되겠지만, 시외요금이 부담도 되고 또 전화로는 다 할 수 없는 외로움이 있기에 글로써 마음을 풀어낼 심사였다. 오후 3시경쯤이면 큰길을 지나간다는 집배원에게 편지 부치는 일을 부탁하려고 늘 길에 나가서 있었다.

그러던 어느 날이었다. 백구가 짖어대는 소리와 함께 빨간 오토바이를 탄 집배원이 K신문을 들고 왔다. 한 달 전 서울에 사는 언니에게 안부 전화하면서 TV 라디오도 나오지 않아 답답하다고 했었다. 무엇이든 풍부한 서울을 떠난 동생이 문화혜택이 없다는 이유로 더 외로움을

탈까 염려한 언니가 신청한 신문이었다. 허 선생은 우리에게 자신을 소개하면서 이제 길에 서 있지 말라고 했다. 신문을 배달할 때에 부탁할 일이 있으면 하라고 했던 허 선생은 그 후부터 편지와 팩스 보내는 일 원고지와 연필 등 심지어 호미와 씨앗까지 서슴지 않고 사다 주었다. 나중에 알게 되었지만, 주민들이 허 선생께 부탁하는 일들은 많고도 다양했다.

강원 산간지역 농촌에는 예순이 넘는 노년층이 대부분이라 무엇을 사려고 읍내에 나가려면 산길을 걸어 내려와야 하는 어려움이 있다. 차비는 물론이고 2~3시간 간격으로 다니는 버스를 이용하기엔 여간 힘든 일이 아니다. 그러한 고충을 아는 허 선생은 당신 스스로 집집이 주문을 받는다. 그 가정 가정마다 필요한 물건들, 아픈 이들에게 약까지 그뿐인가! 밭일에 필요한 것과 일꾼들의 새참거리 빵 우유까지도 밭에 직접 배달하는 일을 보통으로 생각한다. 공과금도 일일이 대신 내주면서 바쁜 농촌의 일을 돕는 그분은 봉사도 천직으로 알고 있는 듯했다. 말이 쉽지 겨울이면 고립된 어른들을 위해 우편물이 없어도 험한 산길 4km를 걸어 들어가 돌봐 드린다는

게 어디 쉬운 일인가. 위험한 일도 많았으리라. 우리 부부도 겨울만 되면 큰 걱정이 있다. 우편물 때문이다. 우리에게 신문 배달하려고 허 선생은 무릎까지 빠지는 눈길 500m를 걸어 들어오기 때문이다. 매일매일 그 길을 오가는 것이 얼마나 미안하고 죄송한지 우리는 그저 감사하다는 말뿐이었다.

첫해 겨울이었다. 소한의 추위와 계속되는 폭설에 물까지 얼어붙어 단수되었다. 눈을 녹여 물을 대신하여 버티다가 서울에나 며칠 다녀올 마음을 먹었다. 그러나 빈집인 줄 모르고 매일 눈길을 드나들 허 선생이 걱정되었다. 그렇다고 신문을 당장 끊을 수도 없었다. 생각하다 못해 빈집에 들어가는 고생을 조금이라도 덜어드릴까 싶어 마당 끝자락 나무 사이에 긴 막대기를 걸쳤다. 제주도 정주목처럼 빈집이라는 표시였다. 큰길에서 들어오려면 다리를 건너 강 위쪽 밭 한가운데 길로 300m를 걸어 들어와야 한다. 밭길이 끝나면 걸쳐놓은 막대기를 지나 숲과 나무가 우거진 ㄹ자 산길을 200m 올라오면 내가 살고 있는 교회수련관이다. 큰길에서 집까지 거의 중간쯤에 막대기를 걸쳐놓고 우린 대문으로 이용하였다. 그 막대기에 우편함을 대신한 꽃바구니를 걸고 편지를 넣어 두었다. "허 선생님! 폭설이라 일주일 서울 다녀오렵니다. 집안으로 들어가지 마세요. 눈이 많이 쌓였습니다. 우편물은 바구니에 담아 두시면 고맙겠습니다." 하고 허 선생께 드리는 글이었다.

일주일이 지난 뒤 우리는 강원도로 돌아왔다. 며칠 내려 쌓인 눈은 사륜구동의 차로도 집 마당으로 올라가지 못했다. 차에서 내렸다. 차는 길에 두고라도 사람은 집안으로 들어가야겠기에 걸쳐놓은 정낭을 열었다. 하얀 눈 위에 커다란 발자국이 눈에 띄었다.

이 산속에 누가 왔을까? 도둑은 아닐 테고. 나는 의아했다. 궁금하기도 한 급한 마음에 크게 패인 발자국에 대하여는 달리 생각지 않았다. 그저 고생 안하고 쉽게 들어갈 수 있어 고맙기만 했다. 그런데 방문은 걸어둔 그대로였다. 문 앞에 검은 비닐로 싼 뭉치 하나가 있을 뿐이다. 펼쳐보니 일주일 동안의 신문과 우편물이었다. 허 선생이었다. 꽃바구니 우편함이 눈에 젖어 있어서 집 앞까지 왔을까? 그렇다면 방문 앞까지 오지 않더라도 마당 끝 컨테이너 벽에 당신의 손수 달아놓은 우편함이 또 있거

늘 왜 마당을 지나서 방문 앞까지 그것도 눈 위에 우편물을 두고 가야했을까? 생각에 잠겼다. 세상에! 그것은 우리를 위해서였다. 우리가 서울에서 돌아오면 눈 때문에 집에 들어가지 못할 것을 염려해서였다. 그러기에 우편물을 들고 매일매일 한 발자국씩 힘을 주어 디딤돌처럼 파놓은 사랑의 흔적이었다. 어떻게 이렇게까지 우리 부부를 생각해줄 수 있을까? 가슴이 뭉클하였다.

나는 수양관 관리자로서 일 년에 몇 번밖에 오지 않는 교우들을 위해 쉼터를 지키고 가꾸는 일이 힘들다고 생각했다. 그러나 자신의 봉사에 대하여 자랑하지도 교만하지도 않는 허 선생의 사랑의 흔적에 비해 나는 겨자씨만한 수고도 아니었음을 깨달았다. 나는 작은 수고와 마땅히 해야 하는 일에도 교우들로부터 많은 칭찬과 사랑을 받은 것이 한없이 부끄러웠다. 허 선생이 우리에게 베푼 사랑을 무엇으로 갚을 수 있을까? 그저 가슴이 뜨겁기만 했다.

나는 신발도 벗지 못하고 방문을 열고 책상 위에 있는 백지 위에 몇 자 적었다. "허 선생님! 당신이 새겨놓은 사랑의 발자국 디딤돌을 밟고 집 안으로 잘 들어왔습니다. 정말 감사합니다. 이제 서울 갈 일이 없으니 제발 집까지 올라오지 마세요. 제가 우편물을 가지러 나가겠습니다."라고 적었다. 우리 부부 때문에 더는 고생시켜 드릴 수 없어서 나는 편지를 들고 다시 발길을 돌렸다. 텅 비어있는 꽃바구니 우편함에 쌓여 있는 눈을 털어내고 편지를 정성껏 담았다.

또 눈이 내린다. 청결한 눈꽃은 하나님의 은총처럼 쏟아지지만 우리 동네 사랑과 봉사의 집배원 허 선생을 위해서는 눈이 그만 왔으면 좋겠다.

토종 씨암탉

오대산 깊은 계곡에 봄이 왔다. 4월의 내린천 강변에서 버들강아지가 눈을 틔우고, 새들의 노래가 흥겹다.

나는 앞마당 잔디 사이에서 쉴 사이 없이 자라 나오는 풀을 뽑아내고, 집 아래쪽에 있는 '동물농장'에도 청소하여 봄을 알렸다. 동물농장이라 말을 하지만 닭장 안에는 한 쌍의 흰 토끼와 약으로 쓰려고 키우는 오골계 한 마리가 전부다. 오골계는 늘 외로워 보였다. '친구라도 있었으면' 아무도 없는 산속이라 나도 가끔은 외로워질 때가 있어 오골계가 더 쓸쓸해 보였는지도 모른다. 나는 남편에게 닭 몇 마리 사서 넣어주자고 하였다.

"이왕이면 토종닭을 사야겠소. 구하기는 어렵겠지만" 하면서 내 뜻에 선뜻 동의하여 주었다.

얼마 후 수소문 끝에 토종닭 키우는 곳을 알았다. 경기도 광주란다. 한나절이 지나서 닭을 사러 간 남편은 해가 지고 나서야 돌아왔다. 라면 상자 안에 토종닭이 보인다. 흑갈색과 흰색, 붉은색과 검은 줄무늬가 파도를 타듯 멋져 보이는 건강한 수탉이다. 한 마리는 조강지처처럼 후덕해 보였다. 조심스럽게 닭을 붙잡아 닭장 안으로 넣으려는 순간이었다. 한 마리가 갑자기 날개에 힘을 주더니 후다닥 튀어서 밖으로 날아가 버리는 게 아닌가. 나머지 두 마리도 놀랐는지 푸드덕거리며 몸부림친다. 간신히 가두고 날아간 닭을 찾아다녔다. 밭으로 숲으로 산으로 헤매고 다녔다. 어두워지자 손전등을 양손에 들고 소리지르며 찾아도 헛수고였다. 그 다음 날도 또 그 다음 날도, 일주일을 애써 보았으나 찾을 길이 없었다. 집을 나간 것은 암탉이었다. 우리는 찾는 것을 포기하였다. 산을 깎아서 세운 건물이라 아직은 산 짐승이 드나들 텐데, 닭인들 무사하겠나 싶었다. 이렇게 되리라 미리 알고 남편은 암탉 한 마리를 더 사 왔나 보다.

그 일이 있고 나서 거의 한 달이 되었다. 아침에 가축들 먹이를 주려고 물 한 바가지 떠서 동물농장 쪽으로 내려가던 남편이 바가지를 손에 든 채로 올라오더니 나를 급히 부른다.

무슨 다급한 일이 생겼나 싶어 부엌일을 뒤로하고 달려간 나는 그만 땅에 주저앉고 말았다. 잃어버린 씨암탉 뒤를 달걀만 한 노란 병아리 두 마리가 졸졸졸 따라다니는 게 아닌가! 아직 걷기도 힘든 비틀걸음으로……. 삐악 삐악 소리까지 내면서 말이다. "여보, 이게 어떻게 된 일이에요! 세상에 이럴 수가!" 우리 부부는 눈가에 눈물이 고였다. 죽었다고 포기해버린 씨암탉이 어미가 되어서 돌아오다니. 아니 어디서 무엇을 먹으며 살았더란 말인가. 자기 생명도 보존하기 어려운 습한 산속에서……. 우리는 할 말을 잃었다.

이 어미 닭은 우리 집에 오기 전에 이미 어미가 될 준비가 되어 있었던 것 같다. 알을 품기 위해 몇 개의 알을 낳고 있는 중이었을 게다. 어미의 본능, 생명의 애착이 낯선 곳에 둥지도 준비되어 있지 않은 닭장 안에 갇혀 있을 수 없음을, 밖에서 길든 닭이므로 먹이를 찾을 수 있고, 종족 번식을 어디에서든지 할 수 있다는 말이었다.

어쩌면 서로가 어디에 있는지도 알았을 게다. 어미 닭이 하룻밤도 자보지 못한 집이지만 새끼들을 데리고 돌아와야만 했던 것은, 자기 종족의 맥을 이어가야 하는 숙명적인 삶이 말 못하는 가축에게도 있음을 알리는 것이었다. 나는 무어라고 말을 할 수도 설명할 수도 없었다.

비틀거리는 병아리를 안아주고 싶었다. 너무도 예쁘고 가엾은 생각에서였다. 그러나 어미 닭은 용납하지 않았다. 병아리를 잡으려는 순간, 온몸의 깃털을 곤두세우더니, 매서운 눈초리로 나를 경계하면서 새끼들을 재빨리 날개 속으로 품어 버리는 것이다. "그래 어떻게 낳아서 데리고 온 새낀데……." 주인인 우리까지도 경계해야 하는 어미 닭의 심정을 내가 왜 모르겠나. 낮에는 뱀과 매, 들쥐들, 밤에는 수달, 오소리, 살쾡이들과 싸우며 견뎌온 것을 생각하니 새끼들을 우리에게 쉽게 내어 줄 것 같지 않았다.

암탉은 알을 품는 그 날부터 알이 부화하여 병아리로 나올 때까지 20일이 넘도록 거의 식음을 전폐한다고 한다. 또 어미 닭은 먹이를 새끼들보다 먼저 먹지 않는다. 벌레도 뾰족한 부리로 잘라주고, 풀잎까지도 먹기 좋게 뜯어서 새끼들 눈앞에 놓아주는데, 바로 눈앞에 놓아주는 이유는 눈이 밝지 못하고 냄새에도 민감하지 못한 탓에 멀리 있는 먹이는 찾지 못하기 때문이라고 한다. 닭이지만 모성애가 어찌 사람과 다를 수가 있겠는가!

우리는 IMF 경제 위기 때에 이와 반대되는 일들이 많았다. 부모들이 생활이 어려워져 가출하여 어린 자식들이 고아 아닌 고아가 되는 경우는 지금도 겪고 있는 현실이다. 이 세상 부모들이 이 어미 닭만 같아도 이 사회는 가정에 불행이 없을 것 같다.

파란 잔디가 피어나온 앞마당에 어미 닭이 두 마리 병아리를 데리고 왔다. 병아리는 이제 비틀거리지도 않는다. 씩씩하게 예쁘게 잘 자란다. 어미 닭 역시 우리를 더는 경계하지 않는다. 나는 한 줌의 쌀을 살며시 놓아주었다. 비록 말 못하는 짐승이지만 일주일 만에 찾기를 포기해버린 마음에서다. "구구구~구구구~" 어미 닭은 새끼를 부른다. 자식을 먼저 배불리 먹이려는 어미 닭을 보고 있노라니, 서울에 홀로 떨쳐놓은 2대 독자 아들이 보고 싶다. 내 몸이 아프다는 이유로 강원도 산속에서 나 편하자고 아들을 외롭게 만든 이 어미는 저 암탉만도 못하다. 혼자 먹기 싫어 늘 굶는다는 아들의 말이 내 마음을 아프게 한다. 일주일에 한 번 가는 서울이지만 떠나올 때는 늘 미안한 어미가 된다. 내일 서울 가는 날이다. 집에 가면 아들이 좋아하는 카레라이스를 만들어 남편과 세 식구가 오순도순 사랑을 나누리라. 나도 어서 건강하여서 아들에게 힘이 되어줄 수 있는 부끄럽지 않은 어미가 되고 싶다.

도둑을 키웠다

아침잠이 많다고 늘 성화를 받던 내가 요즘은 어렵지 않게 잠자리를 일찍 털고 일어난다. 나보다 먼저 일어난 친구들이 벌써 문 앞에 와 문을 톡톡톡 긁으며 빨리 기침을 하라고 난리다. 문을 열면 녀석들은 묻혀온 이슬을 털며 저만치 달아났다, 이내 다시 돌아와 재롱을 떤다. 갈색과 회색이 어우러진 다람쥐. 반짝거리는 눈, 긴 꼬리와 발놀림이 바쁘다. 녀석들의 속은 이제 훤히 알겠다. 빨리 먹을 것을 내놓으라는 것이다.

우리 내외는 이곳 교회 수양관의 관리를 맡아 올 때 건물을 지은 분이 내게 참고로 일러주겠다며 말했다. 이런 산속에서 살려면 우선 이곳 터줏대감들과 잘 사귀어야 한다고. 터줏대감이란 다름 아닌 이곳 오대산자락에서 서식하는 모든 생물을 이르는 말이었다. 산짐승은 물론이요 길짐승, 날짐승 하물며 풀 한 포기 하나까지 모두 사랑해야 한다는 것이다.

짐승들이 산에서 먹이가 부족하면 사람 사는 집까지도 내려오는데 이때는 겁내지도 말고 그렇다고 박대를 해서 내쫓지도 말라고 했다. 간혹 먹을거리가 궁하겠다 싶으면 집 주위에 미리 먹을 것을 놓아두는 것이 좋다고 일러주었다.

내가 생각해도 일리가 있는 말이라 여겨서 그대로 실천에 옮겼다. 먹고 남은 빵부스러기, 멸치대가리, 생선뼈, 과일 껍질까지 하나도 버리지 않고 모아두었다가 매일 메뉴를 바꿔가며 일삼아 집 주변에 나눠놓았다.

며칠이 지나면서 다람쥐 한두 마리가 눈에 띄기 시작했다. 그다음엔 졸랑졸랑 청솔모까지 합세를 하고 우리 집 정원이 아예 저희의 놀이터가 되었다. 나는 속으로 "관계가 이만하면 잘하고 있는 게지" 하고 뿌듯해하기까지 했다.

그렇게 봄, 여름을 보냈다. 언덕 위에 밭에서는 옥수수며 콩 호박이 주렁주렁 제법 무게를 실어갔다. 우리 부부는 밭을 둘러보면서 서울에서 손님이 찾아오면 싱싱한 먹을거리로 대접할 수 있겠다 싶어 좋아했다. 즉석에서 싱싱한 옥수수를 삶아 대접할 생각을 하니 마음은 부자가 되고 설레기까지 했다.

그런데 어느 날이었다. 한껏 기대하고 밭에 올라갔더니 이게 웬일인가. 웬만하면 여물었으려니 하고 커다란 바구니를 들고 올라갔는데……. 아뿔싸, 여물었음 직한 옥수수는 성한 것이 하나도 없다. 다람쥐가 모두 갉아 먹어 옥수수수수염만 마치 쥐어뜯긴 머리카락 마냥 길게 혀를 물고 나와 있었다.

어쩐지 아침이면 매일 방문 앞으로 쪼르르 달려오던 녀석들이 한동안 보이지 않더라니. 참으로 어이가 없었다. 녀석들에 대한 배신감은 물론이려니와 서울의 지인들에겐 놀러 오면 기가 막힌 옥수수로 대접하겠다고 어떤 가수처럼 큰소리까지 뻥뻥 쳐 놓았는데……. 허탈했다. 화도 났다. 며칠째 속을 부글거리고 있는데 아랫마을에 사시는 할머니들이 마실을 왔다. 농사는 처음이라 씨앗을 부칠 줄을 몰라서 봄에 할머니들의 도움을 받았었다. 할머니는 "이젠 이 집 것도 씨알이 좀 여물어 갈 텐데……." 하며 당신들이 심어놓은 것들을 얼마나 잘 가꾸고 있는지 궁금해했다. 나는 속도 없이 다람쥐 애기를 장황하게 늘어놓았다. 아침마다 먹이를 준 것이며 한동안 보이질 않아 이상하게 여겼더니 밭작물을 모두 먹어치웠더라고. 내 애기를 듣고 있던 동민이 할머니가 손바닥으로 내 등을 탁 내리치면서 "예끼 이 사람아 없애도 시원찮은 다람쥐를 이 집에서 키웠구먼. 농사짓는 사람들은 그것들이 성가셔서 죽겠는데……, 이게 웬일이람 아무리 모른다고 다람쥐를 키우나 그래" 하며 혀를 끌끌 찬다. 나는 얼굴이 붉어지다 못해 노랗게 질려버렸다. 그도 그럴 것이 나이 오십이 넘도록 농사가 무엇인지도 몰라도 농작물을 해치는 청설모, 다람쥐까지 키워 도둑에게 보따리를 맡긴 셈이니 얼마나 한심해 보였을까.

올해 농사는 없다. 헛수고다. 그래도 이해심이 동해 같은 남편이 이렇게 말했다. "그래 기왕 먹었으니 먹을 만큼 더 먹고 겨울 먹이나 좀 아껴 두게나." 남의 속 부글거리는 것도 모르고 괜히 죄 없는 남편까지 얄미워진다. 가을걷이가 되자 남편은 듬성듬성 몇 알 달리지도 않은 옥수수를 거둔다. "여보 그걸 뭐 하려고 거둬요?" 하고 볼멘소리를 하자 남편은 "작년처럼 눈이 많이 오면 그놈들

새것 날 때까지 뭘 먹고 살아 이거라도 거뒀다가 줘야지." 한다. 혹 그놈들은 간혹 기도라도 할까? '은혜로운 주인님……' 하고.

어쩌겠는가. '부창부수'라고 했다. 남편이 이곳 수련관 관리를 맡아 떠나자고 할 때도 연고자도 없는 산간벽지 생활이 엄두가 나질 않아 적지 않게 투덜거렸었다. 다른 교인들도 많은데 당신은 참 오지랖도 넓다느니 하면서.

요즘은 나이 들어 전원생활을 하고자 시골을 찾는 사람이 많다. 우리 부부야 일부러 찾지 않았어도 물 맑고 공기 좋은 데서 한편 교회의 사명까지 실천하며 살고 있으니 이보다 더 좋을 수가 없다.

생각할수록 놈들의 배반이 어이없고 괘씸하긴 하지만 듣고 보니 남편 말이 또 그르지 않으니 못 이기는 척 따를 수밖에.

도둑은 나였어

도시락을 싼다. 소풍을 가는 것이 아니다. 도토리를 줍기 위해서다. 지난여름 어길 수밖에 없었던 약속을 만회해 보려는 심사다.

강원도 홍천 오지의 찰옥수수 맛을 보게 해 주겠노라고 교우, 친척과 지인들에게 호언장담했다. 그러나 약속했던 찰옥수수 농사를 망치고 말았다. 몽땅 도둑을 맞은 게다.

이곳은 교회수양관이다. 관리자로 있는 나는 봄부터 여름 내내 뙤약볕에서 밭농사에 정성을 다했다. 경험이 없어 툭하면 손에 피멍이 들도록, 뻗어 나오는 풀을 뽑고 또 뽑았다. 자식 돌보는 애정으로 기른 옥수수지만 수확을 못 해서 아쉽게도 약속을 지킬 수 없었다.

여름 휴가철에 맞추어 알맞게 물오른 찰옥수수는 홍천

의 토종 명물 중 하나다. 그래서 여름 수련회와 휴가로 오는 분들에겐 찰옥수수 먹을거리는 유일한 자랑이요 또한 좋은 선물이 되기도 한다. 그러기에 나는 물론이고 손님들의 기대 또한 보통이 아니다. 잘 익은 옥수수를 밭에서 금방 따서 삶으면 쫄깃쫄깃 한 찰옥수수 맛이 기가 막히다. 해서 그 맛을 자랑하며 대접하려던 나의 야무진 꿈이 물거품이 된 것이었다. 씨알이 익어가기 무섭게 이곳 터줏대감(다람쥐, 청설모, 토끼 등)들이 먼저 도둑질을 해 간 것이다.

농사일이 힘들고 얻지 못한 것에 대한 허탈한 마음은 그렇다 치고 내가 큰소리치며 약속한 일이 난감해졌다. 그리고 잔뜩 기대하고 오는 분들에게 내가 무어라 변명할 수 있단 말인가! 빈 입과 빈손으로 그냥 돌려보낼 수는 없는 일 무어라도 선물하고 싶었다. 그래서 고민 끝에 생각해 낸 것이 도토리였다.

올해는 산열매가 풍년이라 도토리가 많이 달렸다. 그렇다, 저 도토리를 주워서 도토리묵을 만들어 밭에서 싱싱한 오이와 풋고추 쪽파로 맛있게 양념하여 묵 한 그릇이라도 대접할 수 있다면 얼마나 좋을까? 생각만 해도 가슴이 두근거렸다. 그래서 들뜬 기분으로 도시락을 싸 가지고 몇 날 며칠을 도토리 줍기에 바빴다.

9월의 볕이 아직 여름에 머물고 있을 때 먼저 여문 도토리는 계곡에 풀잎 위에 소복소복 떨어져 있었다. 우리 부부는 깊은 산 속까지 들어가 엎드려 한 알 한 알 망태기에 주워담으면서도 힘든 줄도 몰랐다. 그렇게 정성껏 모은 도토리는 꽤 많았다. 주워 모은 도토리를 말리려고 앞마당에 멍석을 폈다. 일조량이 적은 지역이라 햇빛 따라 옮겨가면서 말려야 했다. 한낮의 햇살이 돌담 아래 길섶에 내려앉는다. 빛을 따라가며 멍석을 옮겨 놓았다. 그 길섶은 다람쥐들의 통로임을 모른 채, 돌담 사이로 그들의 곡식 창고가 있음을 나는 알 리가 없었다.

이곳 읍내의 닷새 장날이다. 오지에서의 장날은 만남의 좋은 장소다. 바쁘고 고된 농사일로 자주 만날 수 없는 소박한 이웃들이 모여 막국수 한 그릇에 쌓인 피로를 풀어내며 정을 나누는 친교의 시간이기도 하다. 나 역시 산속 생활의 고적함을 달랠 수 있는 기분 좋은 날이다. 저녁 반찬으로 자반고등어와 필요한 물건을 사 들고 남편과 집으로 돌아온 시간은 서너 시간 걸렸을까? 이미 정오의 햇살이 지나가 버린 길섶에 널려 있던 도토리는 알맹이가 얼마 없고 껍데기만 수북이 쌓여 있었다. 도둑들 횡포가 지난여름 밭작물로 끝난 것이 아니었다. 내가 어떻게 주워 모은 도토리인데 더구나 놈들에게 빼앗긴 옥수수 때문에 고생하며 모은 열매를 또다시 도둑질해 가다니 짐승이라도 너무 양심이 없는 것 아닌가! 화가 많이 났다. 하지만 생각해 보면 내 잘못도 크다. 그들이 드나드는 길목에 놔두었으니 먹으라고 내놓은 것이나 다름없지 않은가! 또 하나 잘못이라면 도토리야말로 내 것이 아니고 그들의 것이 아니던가! 우리가 이곳에 오기 전에 이 모든 것은 그들의 것이었다. 그들은 자연스럽게 그들의 것을 먹었을 뿐이다. 괘씸한 도둑은 오히려 나였음을 말 못하는 짐승이지만 그들끼리는 서로 말했으리라. 나보고 도둑이라고, 적반하장도 유분수라며, 화가 많이 났으리라. 어쩌겠는가. 내가 도둑임을 깨달은 다음에야…….

올겨울에도 여전히 많은 눈이 쌓일 것이다. 남은 도토리라도 두었다가 그들 겨울 양식으로 주리라. 늘 그렇게 했듯이 눈 속에서 먹이가 없어 허덕이는 그들 위해 집

주위에 과일 껍질, 빵 부스러기, 멸치대가리며 음식을 버리지 않고 말려 두었다가 줬다. 약속한 손님들에겐 죄송하지만, 내년에 농사를 지어서 올해 못한 것까지 합쳐 푸짐한 선물을 하리라. 힘은 더 들겠지만, 터줏대감들 위해서라도 밭가에 두어 줄 옥수수 씨앗을 더 뿌려야겠다.

"다람쥐야 미안해. 도둑은 네가 아닌 나였어."

피아노

피아노 뚜껑을 닫았다. 선망의 대상이던 검고 웅장한 그랜드 피아노가 오늘은 살아 움직이는 공포의 물체였다.

주일 11시 예배 반주자는 중요한 약속이 있다면서 나에게 오후 예배 반주를 하란다. 그것도 할 수 있겠느냐고 묻는 것이 아니라 명령 같은 한마디를 남기고 사라졌다. 나는 거절할 틈도 없었다. 1시 성가 연습이 끝나면 1시 30분 예배가 시작된다. 그러기에 나는 연습할 시간도 점심 먹을 시간도 없었다. 예배 찬송은 모두 아홉 곡이다. 우선 어려운 곡은 없나 살펴보는데 예배 전 찬양 인도자가 복음성가 반주를 신청한다. 죄지은 사람처럼 가슴은 콩닥콩닥 뛰기 시작하고 페달을 밟는 다리는 사시나무 떨 듯이 떨리기 시작한다.

강원도 동해시 북평동 우리 집 옆에는 북평 감리교회가 있었다. 지금도 그곳에 있지만 나는 5살 때 교회에서 운영하는 유치원에 7살까지 다녔다. 나를 가르친 선생님은 미국 선교사로 한국에 오신 참 아름답고 친절한 분이었다. 그분은 낡은 풍금 앞에 앉아서 삐걱거리는 페달을 두 발로 번갈아 밟으면서 우리에게 노래를 가르쳐 주었다. 나는 그때 풍금을 배우고 싶었다. 그러나 그 시대에는 배울 수 없어서 그 꿈을 세월에 묻어버렸다.

결혼하여 아들이 10살 되던 해에 나는 30의 중반이 되어서 세월 속에 묻어온 피아노가 가슴을 치받고 머리끝까지 올라왔다. 유치원 때 가르쳐주신 미국 여 선생님처럼 되고 싶어서 마흔이 되어서야 신학교 유아교육과에 입학하였다. 피아노 교습은 일주일에 한 번 있었다. 나는 재능이 없어서 다른 사람들의 실력을 따라갈 수가 없었다. 그래서 반주법 지도교수에게 개인 지도를 받았다. 그러나 나는 이미 퇴행성 관절에 더는 할 수가 없었다. 손의 마디마디 통증 때문에 피아노에 대한 나의 꿈은 두 번째 좌절로 끝나고 말았다.

예배 찬송 반주를 어떻게 했는지 모른 채 예배가 끝난

한참 후에도 피아노 앞에서 일어서지 못하는 나를 부축하는 남편은 예배시간 내내 나 때문에 얼굴이 굳어 있었다. 그 모습에서 반주법 지도교수의 말이 생각났다. 고등학교 1학년 때쯤의 일이란다. 예배 반주자가 예고도 없이 나오지 않았단다. 시간이 되어서 예배당에 들어온 목사가 반주자가 없는 것을 알고 당신에게 예배 반주를 하라고 하여 거절하였지만 도리어 목사에게 거절당하고 할 수 없이 예배 반주를 했단다. 예배가 다 끝나고 이미 교인들은 다 나가고 없는데 의자에서 일어서지 못했단다. 얼마나 긴장했는지 당신이 오줌 싼 것이었다. 예배 피아노 반주를 한다는 것이 얼마나 어려운 일인지, 관중들은 피아노 칠 줄은 몰라도 들을 줄은 안다. 독자 중에는 글을 쓰지 않는 사람이라도 글에 대해 냉정하게 판단한다. 교수가 레슨을 시킬 때 그 곡을 치면서 교수가 묻는 말에 대답을 똑똑히 하면서도 그 곡을 틀리지 않게 칠 정도로 연습하여도 막상 현실에 부딪히면 떨리고 긴장하여 틀리기가 쉽다고 하였다. 그러기에 수없는 복습을 하지 않으면 안 된다고 하였건만 나는 연습을 너무 게을리하였다.

글 쓰는 일도 피아노 치는 일도 대충 넘어갈 일이 아니다. 관중과 독자의 비난을 받지 않으려면 식지 않는 열정으로 자신과 사투를 벌여야 하는 고된 훈련이 있어야 하지 않겠나 싶다. 어떤 상황에서도 포기하지 않는 노력 말이다.

집에 돌아온 나는 그 긴박한 순간 얼마나 떨었던지 3일을 앓았다. 정신을 겨우 차렸을 무렵 나에게 전화가 왔다. 다음 주일부터 아동부 아침 9시 예배 반주를 해 달란다. 선뜻 대답이 나오지 않는다. 그렇다고 거절도 못 했다. 이번 기회로 인해 피아노 반주를 포기한다면 내 일생 다시는 오지 않을 세 번째의 기회를 놓친다는 아쉬움 때문에 나는 담당자에게 찬송가를 미리 가르쳐 달라고 했다. 나는 힘을 내야만 했다. 어떻게 간직한 꿈이었는데, 거의 50년을…….

메모한 곡을 들고 나는 굳게 닫힌 피아노 뚜껑을 열었다. 누가 대신해줄 수 없는 나만의 세계에서 싸움은 또다시 시작되었다. 설익은 반주가 아니라 푹 익어 맛이 제대로 나는 피아노 반주를 위하여…….

자기 것 찾아가시오

선배들이 강원도에 오겠단다. 허리까지 눈이 쌓였고 토끼굴처럼 터널을 만들어놓고 산다했더니 더 오고 싶단다. 거절할 수는 없었다. 그들은 남편의 차를 타고 서울에서 저녁 6시에 출발하여 밤 10시에 도착했다. 선배들은 쌓인 눈을 감상하기보다 하나같이 화장실을 찾았다. 웬 야밤에 행사(?)냐고 핀잔을 주었더니 아침에 일을 봤다는데도 워낙 긴장했기 때문에 그렇단다. 얼어붙은 밤, 산길을 굽이굽이 넘어왔으니 신체에 이상이 올만도 했다. 그러나 물이 나와야지. 그렇다고 집 안에 있는 화장실에 세 명이 큰 실례를 한다면 그 냄새는 어쩌라고. 나는 휴지를 쥐어주며 깜깜한 밤중 하얀 눈만 보이는 마당으로 나가라고 밀어냈다. 영문을 모르는 선배들은 어리둥절해하며 어디로 가라는 것이냐고 물었다. 나는 천지가 화장실이니 아무 데나 마음 내키는 곳에 맘껏 일을 보라고 했다.

나는 어두운데 멀리 가지 말고 마당에 쌓인 눈을 퍼내고 일을 보라고 소리쳤다. 선배들은 달리 방법이 없으니 한 명씩 삽자루를 들더니 쌓인 눈을 한 삽씩 떠내고 화장실을 만들어서 임시변통으로 큰 문제를 해결했다.

선배들은 물이 안 나온다고 왜 미리 말하지 않았느냐고 했지만 나는 아무도 오지 않아 외로운 처지라 그렇게 말하면 오지 않을까 걱정이 되어서였다. 웃을 수밖에 없었던 그 겨울밤의 이야기다.

3월의 화창한 봄 날씨에 그 많던 눈이 녹기 시작하였다. 어느 정도 눈이 녹자 그 위로 휴지와 그의 짝이 모습을 드러냈다. 나는 그 모양새를 보고 있노라니 그 주인공들, 선배 문우들이 보고 싶었다. 1월의 그 추운 겨울에 와서 여러 가지로 고생만 하고 돌아간 선배들이 이 따뜻한 봄날에 다시 왔으면 하는 마음에 전화를 했다. "모습이 드러났으니 자기 것 찾아가시오" 했더니 선배는 깔깔 웃으며 그것을 서울에 가지고와서 어디에 쓰겠느냐고 땅에 잘 묻어 두란다. 우린 더는 말을 못하고 화장실 이야기로 얼마나 웃었는지 모른다. 덧붙여서 선배 하는 말이 밭에 묻어두면 산나물 날 때 자기가 와서 그곳에 옥수수 씨알을 심겠단다. 일리 있는 말이지만 왠지 웃음이 그쳐지질 않는다.

화장실이라 하면 나는 할 말이 많다. 4년 전 우리 부부가 이곳 오대산 자락 교회 수양관 관리자로 온 첫해 겨울이었다. 11월부터 4월까지 눈이 오고 영하의 추위에 화장실 사용이 가장 큰 문제였다. 수돗물이 얼면 식수는 강물로 해결한다지만 화장실 해결은 심각했다. 밖에 간이 화장실이 하나 있지만 낡고 오물이 가득 차 있었다. 건물을 지을 때 임시로 쓰던 화장실이다.

이른 아침 눈을 뜨면 제일 먼저 하는 일, 긴 막대기 짚고 빙판의 눈길을 조심스럽게 내려간다. 삐꺽거리는 화장실 문고리를 잡고 엉거주춤 앉아 오물이 엉덩이에 닿지 않게 매달리다시피 하고는 큰일을 치르고 나온다. 영하 20도를 오르내리는 날씨에 그것이 바로 얼어서 그냥 두면 다음날 큰일을 보기가 불가능하다. 뒤따라온 남편은 내가 짚고 온 막대기로 뾰족하게 솟아오른 변을 사정없이 때려 부순다. 그래야 그 다음날 일이 수월해지는 것이다. 웃을 수도 짜증낼 수도 없는 두 해 겨울을 우리는 그렇게 지났다. 결국 그 간이 화장실은 수명을 다해 철거했지만 가끔 물이 안 나올 때면 그나마도 있었으면 하는 간절함이 추억을 떠올리게 한다.

우리 부부는 일요일이면 예배에 참석하려고 새벽 5시에 서울엘 간다. 3~4시간 소요되는 거리인데 언제나 7시경이면 화장실을 가는 시간이다. 강원도와 서울 중간 그 시간에 영업하는 상가가 어디 있어 화장실 사용이 가능할까.

우리는 다행히 몇 달 뒤에야 늘 다니는 길의 방향을 바꿔 휴게실 화장실을 사용하는 지혜가 생겼다. 휴게소는 여행자들을 위하여 무료개방이다. 휴게소 화장실은 향수뿐만 아니라 시와 그림을 액자에 담아 예쁘게 꾸며 놓아서 사용하는 우리 마음을 기쁘게 하였다. 우리는 커피와 간식을 차에 싣고 다녔지만 지금은 휴게소 매점에서 구입한다. 감사한 마음을 보답하고 싶어서다.

한편으로 생각해 보면 현대식 화장실은 편리하고 깨끗해서 좋지만 공해와 오염으로 우리에게 다시 되돌아온다는 단점이 없지 않다. 반면에 재래식 화장실은 불편한 점도 있다. 하지만 땅에 묻어두면 좋은 토양이 된다는 이점도 있어, 감사한 것을 나는 잠깐 잊고 있었다.

두 달 후면 뒷산에 산나물이 지천이겠지. 선배문인들이 다시 올 때쯤이면 그들이 남기고 간 물건이 썩어 다른 생명을 키워내는 귀한 밑거름이 되어 있을 것이다.

하면, 산나물이 되었든 옥수수가 되었든 제 거름으로 키운 것이니 자기 것 도로 찾아가는 셈이 아닌가.

용서

용서가 안 되나 보다.

퇴근한 남편과 함께 어머니 집 문을 열고 방에 앉기가 무섭게 어머니는 한탄과 하소연을 쏟아내신다.

포항에 사는 오빠가 보내온 채소를 가져가라고 전화를 하셨기에 호박, 오이가 몇 푼이나 한다고 그걸 이 무더위에 가져가라 성화실까 하면서도 어머니도 뵐 겸 갔더니 주고 싶은 채소보다 어머니는 하소연이 더 급하셨던 게다.

작은아버지의 이야기다. 어머니 보다 세 살 아래인 작은아버지는 어머니 신혼살림 때부터 함께 사셨다. 아버지는 미장일을 하셔서 남의 집 아궁이 고치러 다니셨고 어머니는 강원도 시골 5일 장에서 쇠솥 몇 개 걸어놓고 장작불을 지펴 군복, 흰 광목 인조견 등 다양한 감으로 손님이 원하는 색상으로 염색을 했는데 꽤 돈이 되는 일이었다. 그날의 수입으로 5일 동안 먹을 양식을 준비하고 아버지 좋아하시는 새우젓과 장작을 사고 남은 돈은 작은아버지가 몽땅 가져가셨단다.

어느 겨울날 다섯째 아이를 낳고 추워 몸이 굳어서 일을 못 하고 싸늘한 방에서 앓고 있는데 작은아버지 들어오더니 "형수 물감 안 들이고 뭐해요. 먹을 것 없는데 새끼는 뭐하러 자꾸 낳소?" 하며 방문을 꽝 닫고 나갔다는 거다 어머니는 그때부터 작은아버지께 돈을 안 주려고 논을 사서 내 자식들 안 굶기고 남들같이 쌀밥을 실컷 먹이겠다고 했으나 작은아버지는 농사는 아무나 하는 것 아니라며 "형수 조금만 기다리면 내가 모으는 돈으로 집 한 채 사서 그곳에서 물감 들이게 해 드릴게요!" 하셨단다. 어머니는 그 말을 믿고 참고 기다렸는데 화폐교환이 닥쳤다. 한 사람이 바꿀 수 있는 금액은 소액이었다. 작은아버지는 어머니가 바꿀 수 있는 액수만 주고 적지 않은 돈을 챙겨 일본으로 가서 소식이 없었단다. 그때부터 어머니는 염색하는 일을 접고 아버지의 작은 수입으로 9남매 키우느라 굶주림을 밥 먹듯 하셨다.

세월이 지나서 오빠는 열심히 공부했으나 대학 진학을 못 하여 환갑이 넘도록 배우지 못한 한으로 살고 있는데 작은아버지는 지금까지도 우리 어머니에게 등록금을 보냈다고 우기신다. 엄마와 오빠는 작은아버지의 뻔뻔스러운 거짓말에 미치겠단다.

어머니는 언니, 오빠, 나 공부 못 시켜 한이 되어 밑으로 동생들은 남의 집 파출부, 식당 설거지, 구멍가게를 하면서 서울 명문대를 졸업시킨 분이다.

가슴에 멍든 세월 어머니는 용서받고 용서하고 싶은 마음이 생기셨는지 4월 어머니의 86세의 생신에는 작은아버지께 가잔다. 일본에서 탄광 일 하시다 돌아온 작은아버지는 진폐증 탓에 8년 동안 병원에 계신다. 어머니는 당신이 돌아가시기 전에 응어리를 풀어야겠는지 자식들 손자까지 다 집합시켰다. 작은아버지가 괄시하고 천대한 조카들이 얼마나 성공하여 잘 사는지 보이고 싶어서다.

병원에 도착하여 작은아버지 병실에 모두 둘러앉았다. 자그마치 스무 명이나 되었다. 어머니는 마음을 가다듬고 어깨를 펴시더니 작은아버지께 "우리 애들이 다 왔으니 하고 싶은 말 마음에 두지 말고 다 하세요"라고 화해의 분위기로 유도하셨다. 작은아버지의 말씀 "모두 성공하여 잘 사니까 좋다. 내 형님이 무능력해서 너희가 고생 많았다. 착하기만 하셨지 무능력해서……."라고 말을 이어갈 때 어머니는 큰기침으로 말을 가로막았다. 어머니 인상이 펀치 않으신 게 다 무능력해서가 아니라 작은아버지가 우리 돈을 10년 넘도록 빼앗아 가서 비빌 언덕이 없어 고생했다는 말이 목구멍까지 금방 터져 나올 기세다. 눈시울이 빨개지셨다. 지난 일이 또 아파 오는 어머니는 한마디도 못 하시고 돌아 나왔다. 그리고 두 달이 지난 6월 작은아버지는 끝내 한마디 사과도 하지 못한 채 돌아가셨다. 60년이 넘도록 어머니는 짝사랑 같은 혼자만의 아픔을 고백하지 못하셨다. 상처는 어찌 생각하면 짝사랑과 같다. 상대방은 아무렇지도 않은데 본인만 화병을 앓는다. 작은아버지는 아무 죄책감도 갖고 있지 않은 듯했다. 어머니만 아파하셨던 것 아닌가.

어머니도 이젠 작은아버지를 용서하시고 편해지셨으면 좋겠다. 아픔을 풀지 못해 억울하지만, 더 쇠약해지기 전에 세월이 얼른 약이 되었으면 좋겠다.

밥상을 받아놓고

밥상을 받아놓고 아침 햇살이 침묵에 젖었다. 30분이 지나도 딸이 나오지 않는다. 떠날 준비는 이미 끝났건만 가기 싫어서인가! "어서 나와 밥 먹고 가야지"라고 말하여 숨 가쁜 이 순간을 벗어나고 싶은데 참느라 목구멍만 아프다.

장애인들을 위해 한 달 봉사하고 일주일 휴가 나온 스무 살 된 내 딸이다. 겨울이 벌써 지나고 4월의 봄인데 딸의 손은 터지고 주부 습진이 생겨 손바닥을 긁고만 있다. 딸이 직장을 다닐 때에는 안쓰러워서 집안일도 시키지 않았던 곱고 흰 딸의 손이었다. 그 손이 엄마 손보다 더 거칠어졌다면 나 스스로가 딸을 보내지 말아야 옳은 게 아닌가! 차라리 가지 않겠다고 떼라도 썼으면 좋겠건만 딸은 아무 말도 하지 않는다. 휴가 동안 잠만 자고 친구도 안 만나고 약만 손에 바른다. 나는 딸의 방문을 열지도 못한 채 "가지 말까?"라고 물었다. 방문이 열리더니 CD재생기 이어폰을 귀에 꽂고 나온다. 내 말을 못 들은 척하려는 그 속내를 왜 모르랴. 가고 싶지 않은 눈빛을. 딸은 식탁에 앉아 수저를 들었다.

딸은 5개월 전에 LG 본사에 근무하였다. 공부에 취미가 없어 실업계 고등학교 졸업 후 대기업에 근무하게 된 것을 감사했다. 성실하려고 애를 썼다. 또한, 친구들에게 명함을 주면서 월급날이면 월말 행사처럼 한턱내기를 즐겼다. 그러다 보니 모임이 많아지고 술을 마시고 들어오는 일이 잦았다. 퇴근하면 딸에게 언급하리라 하고 일찍 들어오기를 기다렸다. 그날 딸의 귀가는 늦어졌다. 밤 11시 되어서 딸에게 전화가 왔다. "아버지 저 데리러 좀 오세요, 명일동인데요, 버스가 끊겼어요." 남편은 약속한 장소로 급히 갔다. 딸을 등에 업고 들어오는 남편의 기분이 좋을 리 없다. 딸은 생각보다 많이 취한 것 같지는 않았다. 그러나 갓 스물인 딸이 세상의 좋지 않은 것들을 몸에 익히고 있었다. 아들도 아닌 딸의 그런 모습에 속상한 남편은 차마 넘길 수 없어서 소리를 질렀다. "조신해야 할 계집애가 이게 무슨 꼴이야." 나도 한마디 거들었다. "아버지도 안 마시는 술을 네가 어떻게…!" 딸은 내 말을 가로막으며 반박을 했다. "엄마가 무얼 알아요. 내가 직장에서 얼마나 힘든지 엄마가 알기나 해! 엄마가 돈을 벌어 봤어요?" 하며 마룻바닥에 주저앉아 소리 지르며 울어대는 딸의 눈물은 무엇을 예측하는 듯 다복했던 우리 집에 먹구름이 드리워지기 시작하였다.

IMF의 회오리 바람은 대기업부터 강타했다. 감원에 내 딸은 아무런 저항도 없이 백기를 들어주었다. 1997년 12월 30일 2년의 직장을 미련 없이 접었다.

하루 이틀도 아닌 시간을 방에서 뒹굴고 있는 딸이 나는 벅찼다. 하고 싶은 말도 참아야 할 만큼 서로가 예민해 있었다. 리더십이 강하여 기독교 학생동아리 활동을 했던 딸은 자신을 스스로 새장에 가둬놓고 밖으로 나오려 하지 않는다. 이런 딸을 보고 있는 나는 가슴이 미어지듯 아프고 쓰라렸다.

엄마와 딸.

자식이 가시로 엄마의 눈물샘을 찔렀다 해도 미워하거나 원망할 수 없는 모성애란 무엇이란 말인가? 나는 딸의 잘못을 용서했고 잊어 가는데 딸은 그 일로 시간이 흐를수록 더 괴로워하는 것은 왜일까? 자식의 일이라 아무에게도 토로할 수 없어서 지켜볼 수밖에 없었다.

지성이면 감천이라 했나 가평에 있는 장애인 단체에서 봉사자를 구해달라는 연락이 왔다. 그곳은 30여 명의 장애인을 수용하고 있는데 오래전부터 우리 가정이 후원해 왔던 곳이라 딸도 잘 알고 있는 곳이다. 딸에게 조심스럽게 말했다. "딸아! 가평에 있는 동숙이 언니가 많이 힘든가 보다 봉사자 소개 좀 해 달라고 전화가 왔는데 너 가서 도와줄 수 있을까? 3개월만……. 오빠도 가지 않아도 될 군대에 갔는데 너도 이렇게 쉬고 있을 때 도와주렴. 강요하지 않을 테니 생각해 봐." 3개월 동안의 봉사를 통해 딸이 세상일이 힘들다 하여도 남의 도움으로 살아야 하는 장애인에게 비하랴 건강한 것만으로도 큰 은총임을 깨닫기를 원했던 우리 부부의 간절한 염원이었다. 딸은 이틀 후에 가겠노라고 했다.

3월 초, 우리는 딸을 가평에 데려다주고 비정하리만큼 냉정한 마음으로 돌아오면서 한 시간여 동안 울면서 서울로 돌아왔다.

그곳은 어른보다 버려진 장애아들이 많았다. 봉사자 한 명이 8~10명의 엄마가 되어야 하는 고된 일이 산더미처럼 산적해 있었다. 새벽 6시에 기상하여 숨 가쁘게 시작되는 일과, 하루에 다섯 번의 음식 준비, 설거지, 목욕, 빨래, 청소, 시장보기가 끝나면 성경과 동화책 읽어주기, 공부, 음악 감상, 재활치료, 밖에 데리고 나가서 햇빛 쏘이기, 기저귀는 쉴 사이 없이 갈아주어야 하고, 잠자기 전에 예배, 가장 어렵다는 잠재우기는 한바탕 진땀으로 범벅 등등의 일이 하루에 몇 번씩 반복되는 봉사자의 손이 온전할 리가 없다. 다리는 퉁퉁 부어 걷지 못해도 자신의 다리를 만져줄 기력이 없어 쓰러진다는 딸의 말에 이 어미의 가슴에 대못이 박혔다.

나는 나쁜 엄마였다. 진정한 행복이, 축복이 무엇인지 깨닫게 하리라는 명목 아래 가혹하리만큼 힘든 대가를 딸로 하여금 치르게 하였으니 말이다. 딸의 얼굴을 감히 쳐다볼 수가 없을 정도로 미안하고 나 자신이 부끄러웠다. 내가 진정 딸을 사랑한다면 이쯤에서 딸을 보내지 말아야 할 내가 아닌가! 아직 2개월 남은 힘든 봉사의 길을 떠나보내야 하는 나는 분명 무언가를 두려워하고 있었다.

딸의 밥그릇은 점점 비어가고 있는데 나는 딸의 등 뒤에서 비정해야 하는 나 자신에게 떨고 있음을 알았다.

진정 누구를 위한 길인가?

모델의 하루

사진첩을 다 뒤졌다. 작품이 당선되어 나를 소개할 사진이 필요해서였다.

50의 중반을 살아오면서 그 많은 사진 중에 쓸 만한 것이 한 장도 없다. 빛바랜 그렇고 그런 사진들뿐이다. 남들이 흔히 말하는 가문의 영광이라든가 하는 명분 있는 사진을 남겨두지 못했다. 이름 석 자 남길 일을 하지 못하였으니 쓸 만한 사진이 없는 것은 당연한 일. 지금껏 무엇하며 살았나? 빛바랜 사진처럼 새삼스럽게 우울해졌다. "하지만 아직 늦지 않았어. 힘을 내자 늦깎이로 문학도 시작했으니 열심히 하면 된다." 사진쯤이야 찍으면 되지 하고 사진첩을 덮으며 용기를 냈다.

60리 밖의 읍내엔 사진관이 없어 서울에 가서 찍기로 했다. 차비를 들여서라도 더 늙기 전에 증명사진이라도 멋지게 찍어두리라 생각했다.

4월 초인데 대설주의보다. 봄을 시샘하는 춘설의 기세는 이곳 오대산 뒷자락에 20센티미터가 넘는 눈으로 온 산천을 뒤덮었다. 오전 7시 서울 가는 버스를 타려고 산길을 내려오던 나는 그만 눈길에 미끄러졌다. 허리가 삐끗하더니 부실한 발목까지 접질렸다. 미장원에도 가고 예쁘게 화장도 하여 한 판 찍으려다 병원 신세만 지고 말았다. 수요일엔 꼭 가지고 가야 하는데 난감했다. 누워서 걱정만 하는 나에게 남편은 집에서 찍자고 했다. 허리 통증으로 서울엔 갈 수가 없으니 집에서 찍을 수밖에 없었다.

햇빛 좋은 날 나는 모델이 되었다. 남편은 사진작가로 서로가 바빴다. 나는 머리 손질도 하고 몇 벌의 옷을 방에 순서대로 쫙 펴놓았다. 액세서리까지 준비했다. 사진을 찍기 시작했다. 봄의 여인! 아이보리 정장으로 찰깍!, 흰 정장에 나비같이 하늘거리는 물방울 머플러를 하고 찰깍! 배경 좋은 곳 찾아다니며 있는 폼 다 냈다. 한 마디로 폼생폼사였다.

자갈 깔린 계곡에서 솔잎 가지 붙잡고도, 아직 돋아나

지 않는 잔디에서도, 돌담에 앉아서도, 옷을 번갈아 입으며 바쁘게 찍었다. 모자 쓴 자세로도 찍었다. 사진작가 된 남편은 "옳지, 좋아! 좋아!" 하며 정말 사진작가인 양 모델인 나보다 폼을 더 낸다. 나는 필름이 빨리 없어질까 염려되어서 "여보! 아껴서 찍어요, 왜 막 찍어대는 거야! 좀 더 가까이 와서 찍어야지 너무 멀잖아." 하며 잔소리를 했다. 모델이 따로 있나? CF모델이 부럽지 않았다. 보는 사람 하나 없는 산속이어서 창피한 것도 없었다. 대자연이 빛과 나무 계곡과 숲은 나의 독무대였다. 새가 지저귀고 다람쥐가 뛰놀고 강아지까지 분위기를 살려주는 이런 촬영 세트장에서 모델과 사진작가는 마냥 행복하기만 했다.

그러나 기쁨도 한순간, 사진 현상 결과는 0이었다. 이유는 필름을 잘못 끼웠다는 것이다. 아! 이렇게 허무할 수가. 우리는 허옇게 된 필름의 흔적을 보고 얼마나 웃었는지 눈물이 다 났다. 그날, 나는 모델 노릇에 허리가 더 아팠다. 하지만 어쩌랴 다시 도전한 모델, 첫 번째 경험을 살려 표정관리를 더 잘했다. 그러나 두 번째, 현상된 사진 기대했던 것만큼 젊고 멋있는 모습이 아니었다. 나는 사진기를 탓하고 남편의 실력을 탓하면서 다시 찍자고 했다. 우린 이미 지쳐있었다. 사진작가나 모델은 아무나 하나! 모두 자기 분야에서 생업을 이어 가거늘 우린 원치 않게 남의 밥그릇에 손을 댄 셈이다. 그렇다고 인제 와서 포기할 수 없는 일, 마지막으로 다시 한 번 찍기로 했다. 인생사가 무엇 하나 쉬운 것 있던가!

일기예보, 비 온단다. 사진기는 플래시가 없다. 흐린 날이나 실내에선 안 된다. 맑은 날을 또 기다려야 한다. 어디 사람 사는 일이 좋은 날만 있을까? 하늘 쳐다보며 좋은 날도 있겠지 하며 이틀을 기다렸다. 햇빛이 났다. 허리에 파스를 붙였다. 허리를 받쳐주는 복대도 했다. 서너 벌의 모델 옷을 부지런히 갈아입으며 또 앞마당 뒷마당을 휘돌아다니며 찰깍! 세 번째, 성공이다. 애쓴 보람이 있었다. 비록 내가 기대했던 젊은 날의 나는 없었다. 주름진 중년의 내가 있을 뿐이었다. 한 장의 증명사진을 찍으려 했던 모델의 하루였는데 삶에 경륜이 쌓인 우리 부부의 모습을 사진첩에 담게 되어 그것으로 위안을 삼았다. 그래도 잘 찍힌 사진을 편집실에 보내면서 다짐했다. 증명사진에 나를 소개하기보다는 글 한 편으로 나를 나타

낼 수 있는 사람이 되리라고.

등단의 사진 한 장을 찍기도 이렇게 힘이 드는데 좋은 작품 한 편 쓰기란 얼마나 어려울까.

차돌이

차돌이, 날이 새면 떠나보내야 한다. 해발 1,560m의 오대산 뒷자락이다. 다른 곳에 비해 밤이 일찍 찾아오는데 왜 하필 눈까지 내리는가. 웅크리고 앉아 있는 그 어깨에 손을 얹은 채 나는 장승처럼 서 있다.

12인승 승합차다. 교회에서 쓰다 94년도에 우리집에 왔다. 에어컨도 없는 낡은 차지만 차가 없던 우리는 감사했다. 백색의 차가 누렇게 퇴색되어 도색을 했다. 흰색으로 깨끗하게 칠을 하고 전조등도 갈아 끼웠다. 겉모양은 새 차가 되었다. 정말 멋졌다. 그러나 예상 밖으로 갈수록 차 운영으로 인해 생활이 어려워졌다. 그럭저럭 3년이 지난 뒤부터는 고장도 잦았다. '사고라도 나면 어쩌나' 하고 늘 불안했다. 차가 무사히 도착한 것이 확인되어야 잠을 잘 수가 있을 정도로 자식과 같은 애물단지가 되었다.

차(베스타)는 가정에서보다 교회봉사 장애인 봉사 또 남편의 직장에서 많이 쓰였다. 자원봉사 일로 밤에 나가고 새벽에 돌아오는 일에 늘 위험이 따랐다. 연료비도 만만치 않았다. 가끔은 차가 없었으면 좋겠다는 생각도 했다.

위험은 늘 따르는 법인가 보다. 사고가 발생했다. 매년 3월 1일이면 남편 직장 동료들이 강릉으로 여행을 간다. 대관령에는 눈이 내리고 길은 얼어붙었다. 내리막길에서 앞차를 피한다는 것이 그만 낭떠러지기로 차가 굴러 버렸다. 7명의 가장들이 탔는데 무서운 속력으로 떨어지는 순간 작고 힘없는 가지들이 운전석 반대쪽 창문을 깨고 문턱에 걸렸다. 사람을 그대로 태운 상태에서 굵지도 않은 나뭇가지에 매달려 있었다니 믿어지지 않았다. 그러나 그 좁은 운전석 창문 하나로 한 명 한 명 조심스럽게 빠져 나왔다 하니 기적이 아닌가 싶다. 구경하던 많은 사람들의 박수를 받으면서 집으로 돌아온 차는 깨진 창문에 라면 상자를 끼우고 몸체는 여기저기 찌그러지고 부서졌다. 또 다시 수리할 수밖에 없었다.

승합차가 우리 집에 온 지 5년 되던 해 5월 강원도 홍천 오대산 기슭에 있는 교회 수양관 관리인으로 우리 부부가 파송되었다. 여름 장마가 일찍 시작되었다. 우리는 마지막 이삿짐을 승합차에 실었다. 그런데 시동이 걸리지 않는다. 남편은 여러 번 애써 보았지만 미동도 않는다. 빗줄기는 점점 굵어지고 우리는 어떤 결정을 해야 할 것 같은데 난감했다. 폐차냐? 또 다시 세 번째 수리냐? 한참을 머뭇거렸다. 쏟아지는 빗물을 타고 함께했던 지난 시간들이 파노라마처럼 지나갔다. 여러 가지 봉사로 밤이나 새벽에도 서울 구석구석 지방까지도 추우나 더우나 애쓰며 수고했던 날들, 대관령 고갯길 사고에서 자신의 몸은 다 부서지면서 7명의 생명을 지켜준 일, 생각해 보면 이미 끊을래야 끊을 수 없는 인연으로 피붙이 같은 정이 들었다. 강원도 들어가면 모든 봉사도 끝나고 또한 이 승합차로는 다닐 수 없는 험한 길인데 또 수리하여 무엇하겠나, 돈만 낭비하는 것 아닌가 싶었다. 그러나 우리는 언제부터인가 그 차에 생명애 같은 것을 느꼈다. 수리를 해야겠다고, 아니 살려야겠다고 결심하였다. 해서 병든 심장(모터)을 드러내고 새것으로 넣어주었다. 세 번째의 수리였다.

차는 강원도 산속에서 우리에게 큰 힘이 되었다. 다시는 서울엔 갈 수 없겠다고 쓸쓸해하였지만 우리에게 희망을 주었다. 물소리와 바람뿐인 적막한 3년 동안 운두령, 구룡령, 뱀처럼 똬리 틀고 있는 벳재(서석재) 험한 산길을 오고 갔다 장대비가 쏟다지고 천둥 번개가 내리치는 무섭고 좁은 산길에서 위험한 고비를 함께 겪으면서 지나온 세월, 한겨울 영하의 강추위와 허벅지까지 쌓인 눈 속에 파묻혀 냉동이 되어 움직이지 못한 적이 한 두 번이 아니었다. 물은 강에서 떠다 먹었다. 해동이 될 때까지 4개월을 승합차가 없었다면 우린 어떻게 살았을까? 아마 우리 부부는 관리자의 의무를 포기할 수밖에 없었을 것이다. 물통을 잔뜩 실은 채로 산 오르막을 올라오지 못해 혼자 강가에서 며칠 씩 서 있기도 했던 승합차였다. 이러한 승합차를 붙잡고 우리 부부는 울기도 웃기도 했다. 우리는 늘 고맙다고 말했다.

이렇게 남다른 정으로 7년이란 세월을 함께했는데 어떻게 결정을 하여야 후회하지 않을는지 생명이 없는 기계라고 생각해 보지만 승합차는 결코 기계만으로는 살지 않았음을 무엇으로 더 설명할 수 있을까? 그렇다. 폐차

할 수 없는 또 하나의 이유가 있다.

2001년 5월 첫 일요일에 있었던 일이다. 새벽 4시에 주일예배 참석하기 위해 서울을 향해 차돌이는 불빛 하나 없는 산길을 조심스럽게 내려왔다. 휘어진 서석재(벳재) 세 번째 고개를 다 내려왔을까! 차 소리가 예전 같지가 않았다. 오른쪽 바퀴에서 굉음이 들리는가 싶더니 한쪽으로 기울어지면서 땅에 꽂히듯 털썩 주저앉고 말았다. 차에서 내려 바퀴를 보니 타이어가 헤져 철사가 가닥가닥 떨어져 있었다. 사람으로 치면 뼈가 으스러져서 피범벅이 된 참상이라 할까! 우린 아연실색 할 수밖에 없었다. 8시까지는 서울에 도착해야 하는데 그렇게도 견딜 수 없는 아픔이었나!

아직 어둠이 깔린 산 중턱에서 견인차를 불렀다. 우리는 타이어 값이 걱정되었다.

외상도 안 된다고 해 각자 지갑과 성경책 갈피에 있던 현금까지 모아 5만원이었다. 타이어 값 5만원을 치르고 돌아서는 순간 뇌리를 서늘하게 스쳐가는 느낌이 있었다. "5만원" 이 5만원이 우리에게 준비될 때까지 그 찢겨져 나가는 아픔을 참아왔던 게 아닌가싶었다. 우리 부부의 경제적 어려움을 아무도 몰랐지만 차돌이는 가족처럼 그 사실을 잘 알고 있는 듯하였다.

안개에 가려 보이지 않는 먼 산을 쳐다보면서 이 저린 현실에 외면해 보려고 애써 보지만 눈물이 한없이 흘러내렸다. 가족 피붙이가 아니라면 서로를 위해 이렇게 희생할 수 있을까? 승합차에게 애정을 쏟았던 남편은 숙인 고개를 들지 못하고 아픈 가슴을 쓸어내리느라 애쓰는 모습이 역력하다. 강원도 번호판을 달고 "너는 강원도 벤츠다."라고 늘 기를 세워주던 남편이었다. 서로 마음을 의지하며 높은 산맥을 올라설 때면 힘에 겨워 헐떡이는 13년 된 노장에게 "힘들지? 우리 조금만 더 힘내자!" 하며 아기 달래듯 정을 함께한 차돌이였다. 하지만 이제 어쩌겠는가. 더는 구르지 못하는 차를 세워놓고 바라다만 볼 수도 없지 않겠는가. 날이 새면 폐차장으로 보내야 한다.

눈은 계속 내리고 장승처럼 그 앞에 서서 나는 함께 살아온 시간만큼이나 깊은 고뇌에 빠져든다. 밤이 깊도록.

▌작품해설▐

이경란의 문학에 대한 소회

유 영 숙(시인, 수필가)

맑고 투명해서 아픈 시

뒷산이 오색 찬연하게 물들고 있는 만추의 어느 날 오후 이경란 시인은 그동안 그가 써 모은 원고를 가지고 필자를 찾아왔다. 이경란 시인의 원고뭉치를 받아들고 감회에 젖어 그녀와의 첫 만남의 시간을 거슬러 헤아려 보니 벌써 십이삼 년 전이다. 그녀와 내가 처음 만난 것은 유난히도 눈이 많이 내린 어느 해 겨울, 엄청난 폭설을 뚫고서다. 그때 필자는 모 문예지 문학모임의 회장을 맡고 있었는데 발행인이 독자를 찾아가자며 독자탐방을 추진해보라고 했다. 이때 탐방 첫 번째 주인공이 이경란 시인이다. 지금은 시인이 되었지만 그때는 그저 문학을 좋아하고, 책을 좋아하는 자칭 독서광이었다.

그녀를 방문하기로 한 한겨울의 어느 주말 서울에도 눈이 많이 내렸고, 강원도엔 연일 폭설이 내려 산간마을들이 고립되었다는 뉴스보도가 있었다. 그녀에게 전화를 걸어 눈이 많이 내려 방문이 어렵지 않겠느냐고 했더니 그녀는 좀 흥분된 목소리로 "선생님, 그래서 제 남편이 며칠 전부터 눈을 치우고 있고, 오늘도 새벽부터 큰길에 나가 눈을 치우고 있어요."라고 했다. 나는 방문을 연기하려고 전화를 한 것인데 이렇게 되니 다소의 위험을 무릅쓰고라도 출발을 하지 않을 수 없었다.

그때 그는 자신이 다니는 교회수련원의 관리소임을 맡아 남편과 함께 강원도 오지, 오대산 기슭에 자리한 교회수련원 별채에 살고 있었다. 조그만 별채에 다른 살림은 없고 책이 꽉 차있었다. 그녀는 문학공부를 무척하고 싶어 했다. 그러나 하루에 버스가 두 번밖에 다니지 않는 오지에 가 있어 공부를 하러 다니기가 여의치 않았다. 그때 나는 그의 간절함을 모른 척할 수가 없어 도와주겠다고 하여 이메일도 아닌, 손 글씨로 원고를 보내오면 첨삭을 해서 우편으로 주고받으며 그와 나의 문학 멘토의 연이 시작되었다.

그는 처음엔 수필로 문학공부를 시작했다. 수필로 등단했고, 수상경력도 다수 있다. 그런데 한동안 그와의 연락이 끊어졌다. 나중에 알고 보니 집안에 사정이 생겼고, 몸도 많이 아팠다고 한다. 그리고 3년 전 그녀에게서 다시 연락이 와 공부를 하고 싶은데 이번엔 시를 공부하고 싶다는 것이다. 그래서 오늘 이렇게 이경란 시인의 문학세계를 조명해 보는 동기가 되었다.

10여 년 넘게 이경란 시인을 지켜보고 그녀의 문학 세계를 지켜본 나의 소회는 그녀가 '너무 맑고 투명해서 많이 아프다.'는 것이다. 그녀의 맑은 심성은 늘 자신의 삶을 성찰하고, 크게 욕심을 부리지도 못한다. 그녀의 시에 담겨진 소재는 대부분 자연에 관한 것이고, 다음으론 가족, 특히 평생 반려 비익조 남편에 관한 시가 많다. 시인은 어렸을 때부터 잔병치레를 많이 했다고 한다. 지금도 여전히 그렇지만 어렸을 땐 어머니의 명치끝을 누르는 아픈 응어리였다고 한다. 그녀의 허약함은 아이들과 어울려 뛰어놀 수도 없었다. 늘 혼자 놀았다. 그러면서 자신의 모토, 강원도의 서정을 가슴에 꼭꼭 담아 두었다. 도시에서 자녀들을 출가시키고 다시 강원도로 내려가 교회 소임을 맡고 있는 동안 아무도 없는 오지에서 주변의 자연과 많은 얘기를 나누었다. 그녀는 하루 종일 나무와 풀과 새와 나비와 바람과 얘기를 나누며 하느님의 섭리를 찬양했다. 그리곤 해가 지면 방으로 들어와 책상 앞에 앉아 낮에 만난 자연의 신비를 시로, 수필로 그려냈다.

방 한구석에
책상 하나 있습니다

지난날 사춘기를 겪으면서
마음에 일어나는 감정을
드러내지 못하고
참아내기만 했던 내게
어머니는 책상 하나 사주셨습니다

그때부터
갈색 등에 엎드려
웃기도 하고 울기도 하며
내 속내를 털어놓았습니다

지금도 휘어진 등을
기대고 60년여 년의 삶을
서로 투정하고 있습니다

내겐 뗄 수 없는 친구입니다

<오래된 친구> 전문

이 시에서 어린 시절 어머니가 사준 책상은 시인의 평생 친구가 되고 있다. 사람은 살아가면서 지기가 반드시 필요하다. 그게 나와 동질의, 사람이면 더없이 좋겠지만 어떤 것은 사물도 사람 못지않은 친구의 역할을 한다. 문학에 있어서 특히 시 쓰기에 있어서 사물을 통한 내면의 투시, 물아일체의 관조는 매우 중요하다. <오래된 친구>는 사물과 나의 관계를 통해 자신이 살아온 연민의 삶을 담담하게 담아내는 문학적 진수가 엿보이는 시다. 시인은 책상에 엎드려 북받치는 설움을 눈물로 토하고 마음을 기대며 자신의 속내를 털어놓고 때론 '투정'도 하면서 또 다른 삶을 꿈꾸기도 했을 것이다. 어린 시절 자주 잔병치레를 하며 외롭고 절망적인 시간들을 그렇게 책상과 함께 부대끼며 극복해 왔다. 그래서 책상은 단순한 사물

이 아니라, 오늘 나를 시인으로 만들어준 스승이며 소중한 친구다.

키 큰 플라타너스 나뭇잎
짙푸르던 열정은
흐르는 시간에
정수리부터 벗겨져
훤하게 하늘로 열려 있다

지붕도 담장도 없는
탁 트인 곳에 살고 싶은 것인가

짧아진 햇살 사이로
번들거리는 골 깊은 이마
삐거덕거리는 힘겨운 자전거 페달 소리

그 남자의 퇴근길

<가을 남자> 전문

이 시에서 플라타너스는 한때 짙푸른 정열의 삶을 지나왔음을 보여준다. 그러나 시간의 흐름은 아무도 막을 수가 없다. 짙푸름이 '정수리부터 벗겨져'지는 것으로 보아

플라타너스가 가을 맞고 있음을 짐작할 수 있다. 시인은 플라타너스라는 사물을 통해, 즉 시적 변환을 통해 '인생의 가을'을 이야기하고자함이다. '정수리부터 벗겨져 훤하게 하늘로 열려있는 플라타너스를 지붕도/ 담장도 없는 탁 트인 곳에 살고 싶은 것인가'라는 표현에서는 삶의 여정을 허무보다는 긍정적으로 받아들이고 있음을 볼 수 있다. 짙푸르던 날의 삶은 열정만큼 속박도 적지 않았을 것이다. 살림을 일구고 가족을 부양하며 뒤 돌아봄 없이 젊은 날을 살아왔다면 이제 헐렁해진 정수리만큼 홀가분한 마음으로 삶의 여유를 찾을 때가 아닌가. 그러나 삶의 긴장을 아주 놓아서는 안 된다. 가을남자는 살아온 날보다 살아갈 날이 많지 않다. 하지만 <가을 남자>는 집으로 돌아가는 퇴근길 '짧아진 햇살 사이'를 힘을 다해 '자전거 페달'을 밟는다. 가족을 거느린 가장의 삶의 역동성을 그려내고 있다.

바람 없는,
햇살만이
느슨해지는 하루

세상 풍경 아른거려
몸이 움찔거린다
나뭇가지 움 돋는 소리 그리워
발끝이 간지럽다

갇힌 마음
야금야금 걸어나가

터질 듯 탱글탱글한
햇살 아래
꽃잎이 되고 싶다

<온실 화초> 전문

이경란 시인의 시의 범위는 그의 삶, 생활 반경을 크게 벗어나지 않는다. 시인은 멀리 가지 않고 내 주변의 사람들과 사물을 관조하며 자아와 그 주변의 유기체들과 결합시켜 하나하나의 존재를 시의 퍼소나, 화자로 활용하고 있다. <온실 화초>는 자신의 삶을 형상화한 시로 보여진다. 허약 체질인 그는 늘 온실의 화초처럼 늘 누군가의 보호를 받고 살았다고 한다. 화초가 보호를 받는다는 이면엔 본래의 생태 의지, 즉 자생성과 야생성이 많이 결여

될 수 있다는 것을 짐작할 수 있다. 그는 그런 화초에 대해 남다른 연민을 느낀다. 바람도 없고 투명한 가림막을 통해서 들어오는 햇살은 삶을 나른하게 한다. 자꾸만 밖이 그리워진다. '세상 풍경 아른거려/ 몸이 움찔거린'다. '발끝이 간지럽다' 나를 가로막는 막을 박차고 나가 바람이 묻어오는 '탱글탱글한 햇살'을 맛보고 싶다. 누군가에 의한 인위적 생육이 아니라, 들꽃처럼 온실이 아닌 곳에서 내 스스로 '꽃잎'을 피워보고 싶은 심경을 온실의 화초를 통해 형상화하고 있다.

산 높고 골 깊은 곳에
토담집 지어놓고
몇 권의 책과 옷

인적 없어 불빛도 쉬는 곳
물소리가 읊조리는 노래
한 음절 한 음절
노트에 적으며 살 수 있다면 참 좋겠다

마당에 풀어놓은

토종닭 몇 마리가
집 아닌 풀숲에 알을 낳아도
욕심부려 거두지 않고
친구 온다는 소식에
우거진 풀 길 호미 잡은 손
물집 잡혀도 괜찮겠다

땅거미 지면 더 외로워
이슬이 눈물 되어도
어느 것과도 바꾸고 싶지 않은
연둣빛 꿈 하나 안고 산다면
난, 행복하겠다

<훗날에> 전문

사람이 욕심을 내려놓기가 어디 쉬운 일인가. 세상의 모든 화는 욕심으로부터 비롯된다. 내가 움켜쥐던 욕심이 지나쳐 역으로 그 욕심이 나를 가두게 되면 그때부터 불행이 시작된다. 훗날을 내다본다면 갖가지 욕망도 참 많겠으나 화자의 욕심은 소박하기 그지없다. '산 높고 골 깊은 곳 토담집'에 '몇 권의 책과 옷' 몇 가지만 소유하고 '물소리가 읊조리는 노래'를 노트에 적으며 살 수 있

다면 참 좋겠다고 한다. 화자도 '마당에 풀어놓은 닭'도 얽매이지 않는 자유다. 욕심에 얽매이지 않는 자유. 어쩌다 친구라도 찾아와주면 더없이 고마워 '우거진 풀'을 뽑느라 '물집이 잡혀도 괜찮겠다'는 간절함이 있을 뿐이다. <훗날에>는 그런 욕심을 내려놓은 목가적 삶이라면 그저 '행복하겠다'는 소박한 심성을 그리고 있다.

어시장 나무상자 안에서
시퍼렇게 눈 뜨고 있다
멈추지 않는 활동이
등줄기에서 파도치고
점점 떨어져 나가는
겨울 바다가
촉촉이 눈 안 가득 고여 있다

<명태> 전문

이 시는 생선을 대상으로 하고 있다. 사람들의 입맛을 위해 잡혀와 나무상자에 담긴 명태. '어시장 나무상자'에 주검으로 담겨있지만 망망대해 푸른 물살을 가르던 명태, 즉 어류의 속성은 아직도 바다를 향해 '시퍼렇게 눈 뜨고 있'는 것이다. 물고기의 생태, 생의 욕구라고 사람

의 생에 대한 욕구와 무엇이 다르랴. 이 시인은 이미 잡혀서 상자에 담긴 명태지만 죽기 전까지의 살고픈 욕구는 사람의 욕구와 다르지 않았을 명태의 속성을 '등줄기에서 파도치고' 있음으로 표현하고 있다. 또한 명태의 눈에 '겨울 바다가 촉촉이' 고임은 시인의 심성에 고이는 삶의 연민이 아니겠는가. 명태를 매개체로 삶의 욕구에 대한 시적 형상화가 돋보이는 명징한 시다.

일찍 깨어난 탓에
자투리 잠이 따라 나선다

무거운 눈꺼풀
산수유 꽃망울에 내려앉고

재래시장 바구니 속 냉이
게슴츠레 졸고 있다

<춘곤증> 전문

이 시는 제목 그대로 나른함이 느껴지는 '춘곤증'을 잘 형상화한 시다. 모든 생물이 (겨울)잠에서 일찍 깼지만 아직 '자투리 잠'이 따라나서는 나른한 봄. 봄나들이로

산수유 꽃구경을 나섰지만 나른하고 눈꺼풀이 무겁다. 산수유 꽃 색깔은 동그랗게 눈이 떠지는 샛노랑이 아닌, 파스텔톤의 화이트옐로우다. '자투리 잠'과 잘 어울리는 색이다. 부지런한 농부의 손에 뽑혀와 재래시장 좌판 바구니 속에 담겨있는 냉이도 나른한 봄 햇살에 '게슴츠레 졸고 있다' 봄날 내 몸에서 일어나는 나른함을, 사물을 통해 그려내고 있다.

환기를 시키려고
열어놓은 창문으로
파리 한 마리 들어왔다
"어머니, 파리채가 어디 있어요?" 묻는 내게
"놔둬라, 추워서 집으로 들어왔구나"
조금 후에
몇 마리가 또 들어왔다
에프킬라 찾는 내게
"놔둬라, 어미 따라 왔나보다"

우리 집
항아리에 꽂힌 파리채가

눈에 거슬린다

<어머니 마음> 전문

이 시에서 '파리'는 순간 죽을 위기를 맞는다. 그러나 긴장하는 순간 구원의 소리가 들린다. '놔둬라' 이게 곧 어머니의 마음이다. 어머니의 넉넉함이다. 어머니의 넉넉한 품으로 파리가 또 들어온다. 이제 단체로 죽을 위기다. 에프킬라를 찾는 딸에게 어머니는 또 '놔둬라, 어미 따라 왔나보다' 이것이 곧 모성애다. 어머니라는 존재의 잴 수 없는 넓고 깊은 품, 진한 모성애가 엿보이는 시다. 어머니는 이렇게 자녀의 심성을 산교육을 통해 길러준다. 이 시인은 어머니의 참으로 어질고 값진 모성애를 시치미 떼고 이렇게 하찮은 사물을 통해 전달하고 있다. 집에 돌아와 내 집 항아리에 꽂힌 파리채를 보니 어머니의 말씀이 생각나 '눈에 거슬린다' 그렇다면 어머니의 고운 심성이 그대로 딸에게도 전이되었다는 얘기다. 이 시인은 인간이 살아가면서 아무렇지도 않게 저지르게 되는 '생물 살상'의 현실을 고발하면서 한편으론 하찮은 미물을 통해서도 부모 자식 간의 끊을 수 없는, 끊어서는 안

되는 천륜을 그리고 있다. 모성애를 일깨우고 있다.

수필의 진실화, 인간화

앞서 얘기했듯이 이경란 시인은 먼저 수필로 문단에 데뷔했다. 작품집 『피아노』에는 목차에서 보았듯이 10편의 수필이 수록되었다. 그의 수필 대부분은 그가 교회 수양관 관리소임을 하면서 그곳에서 일어난 일들을 다룬 작품으로, 소재의 유형을 보면 대부분이 '자연에 대한 감사와 예찬'이고 나머지는 '가족과 인간관계'에 관한 글로써 자신의 삶의 여정에 인연이 닿은 주변 이야기다. 이경란의 수필은 전통 수필의 체질이랄 수도 있는 신변성을 크게 벗어나지 않는다. 수필을 신변성에서 크게 벗어나지 못하는 문학이라고 폄하하는 사람도 적지 않다. 하지만 그 신변성이 얼마나 '진실화', '인간화'에 밀착되고 관조가 이루어졌는가에 따라 수필문학의 진면모가 가려질 것이다. 이경란의 수필은 진실하다. 순수하다. 끈끈한 정, 인간미가 엿보인다.

이경란 시인은 다니는 교회의 소임으로 강원도 홍천

명개리의 오지에 있는 교회수양관을 관리했다. 그곳은 눈이 많이 내리는 지역으로도 유명하다고 한다. 외부와의 소통이 쉽지 않고 난시청지역인데다 특히 겨울에 눈이 많이 오면 고립되기 쉬운 마을이다. 그 지역 사람들의 외부와의 유일한 소통을 이어주는 사람이 집배원이다. 그녀는 직업상 당연하다고 넘길 수 있는 우체국 집배원의 수고를 그냥 넘기지 않는다. 어느 날 폭설에 한파까지 겹쳐 물을 사용할 수 없게 되자 어쩔 수 없이 서울로 가서 며칠 지내다 온다. 서울에 가기 전 그가 집에 없는 동안 집배원이 집까지 올라오는 수고를 덜어주려고 골목 입구 바구니에 우편물을 넣어두라고 메모를 해놓고 떠난다. 그러나 돌아와 보니 집 앞까지 발자국이 찍혀있다. 빈집에 '도둑인가?'라고 생각할 수 있겠으나 이 시인에겐 믿는 구석이 있다.

"우리가 서울에서 돌아오면 눈 때문에 집에 들어가지 못할 것을 염려해서였다. 그러기에 우편물을 들고 매일매일 한 발자국씩 힘을 주어 디딤돌처럼 다져놓은 사랑의 흔적이었다. 어떻게 이렇게까지 우리 부부를 생각해 줄 수 있을까? 가슴이 뭉클하였다. 나는 수양관 관리자로

서 일 년에 몇 번밖에 오지 않는 교우들의 쉼터를 지키고 가꾸는 일이 힘들다고 생각했다."

이 시인은 교회의 소임으로 오지로 들어와 살면서 또 교회의 행사가 있거나 교인들이 수양관을 찾으면 신경을 써야하는 수고도 힘들다고 생각했는데 집배원 허 선생의 말없는 수고에 비하면 겨자씨만 한 수고도 아니라고 고백한다. '청결한 눈꽃이 하나님의 은총처럼 쏟아'진다면 그 눈이 얼마나 예쁠까. 그러나 이 시인의 심성은 눈을 감상하기보다 집배원 허 선생의 수고를 생각해 그만 내렸으면 한다. 이러한 인간미가 수필이 문학으로서의 진면모를 보여주는 미학이다.

이경란의 수필 소재가 대부분 자연에서 취한 것임을 앞서 말한 바 있다. <토종 씨암탉>, <도둑을 키웠다>, <도둑은 나였어> 등이다. 그는 오랜 세월 도시에서 살다가 오지로 들어갔다. 그는 대자연에서 새로운 생활에 적응하며 좌충우돌 그곳 터줏대감들과 부딪치는 사건들을 재미있고도 진솔하게 풀어낸다. <토종 씨암탉>에서는 토종닭을 사다 닭장에 넣으려는 순간 튀어 달아난 암탉이

한 달 후 병아리 두 마리를 데리고 나타나 감동을 주는가 하면, <도둑을 키웠다>에서는 도시 지인들을 불러 싱싱한 먹을거리로 대접을 하려 애써 옥수수 농사를 지어놓았는데 수확을 코앞에 두고 다람쥐에게 다 빼앗겨버린 이야기도 흥미진진하다. 그런가하면 <도둑은 나였어>에서는 빼앗긴 것을 만회하려 열심히 주워 모은 도토리를 모두 다람쥐에게 빼앗기고도 "도둑은 나였어."라고 고백하며 자연과의 공생을 자신의 삶 안으로 자연스럽게 받아들인다. 문학은 카타르시스가 된다. 글을 쓰면서 그러한 자연으로의 긍정적 순응에서 얻어지는 마음의 평화가 바로 카타르시스며 문학의 가치가 아니겠는가.

촌평을 쓰기 전 이경란에게 책 제목을 물었다. 그는 잠깐의 망설임도 없이 『피아노』라고 했다. 피아노는 그가 책상 다음으로 아끼는 물건이란다. 그래서인지 시에도 <피아노>가 있다. "나는 다섯 살 때 교회에서 운영하는 유치원에 일곱 살까지 다녔다. 나를 가르친 선생님은 미국선교사로 한국에 오신 참 아름답고 친절한 분이었다. 그분은 낡은 풍금 앞에 앉아서 삐걱거리는 페달을 두 발로 번갈아 밟으면서 우리에게 노래를 가르쳐 주었다.” 어릴 적에 가슴에 들어와 박힌 꿈은 평생 희망이 되어 언젠가 그 꿈을 이룬다. 미국인 선교사의 반주에 맞춰 노래를 부르던 꼬마는 자신도 어른이 되면 선교사선생님처럼 피아노 반주를 하겠다는 꿈을 음절마다 꼭꼭 다졌을 게다. 그렇게 간직한 꿈을 그는 자신의 아들이 열 살이 되었을 때야 시작하여 이룬다. 그러나 어느 날 갑자기 자신에게 맡겨진 예배 찬송 반주를 해내고는 얼마나 긴장을 했던지 3일을 앓아눕는다. 그러나 “메모한 곡을 들고 나는 굳게 닫힌 피아노 뚜껑을 열었다. 누가 대신해줄 수 없는 나만의 세계에서 싸움은 또 다시 시작되었다. 설익은 반주가 아니라 푹 익어 맛이 제대로 나는 피아노 반주를 위하여….” 꿈이 현실화되는 것은 아무리 힘들어도 즐겁다. 이 시인의 저 다부진 각오가 오늘날 글을 쓰게 한 동기가 되지 않았을까하는 생각이 든다.

이경란 문학의 얼개

이경란 씨의 작품들 시와 수필을 통독하면서 필자가 발견한 그의 문학의 빛깔은 순수, 즉 ‘맑음’이다. 그 맑은

바탕에 자연에 대한 예찬과 인간적 끈끈한 사랑이 무늬를 이루어 작가의 내면세계를 개성 있게 그려내고 있다. 서두에서 '너무 맑고 투명해서 많이 아프다.'고 했지만 그는 그 아픔을 문학으로 잘 승화해내고 있다. 매사 주어진 환경에 긍정적이고 '감사하는 마음' 그의 순수함과 겸손이 씨줄과 날줄로 엮여 이경란 문학의 얼개를 뒷받침하고 있다.

끝으로 『피아노』가 그의 첫 작품집인 만큼 이후에도 끊임없는 도전과 긍정의 힘으로 꿈을 더 확대하고 더욱 정진하시길 빈다.

2013년 가을

피아노

초판인쇄 2013년 12월 5일
초판발행 2013년 12월 10일

지 은 이 이 경 란
펴 낸 이 김 정 희
펴 낸 곳 맵씨터
등 록 제2002-000026호
주 소 서울특별시 성동구 아차산로 3(성수동 1가) 502호
전 화 (02)464-7708 / 3409-4488
전 송 (02)499-0846
이 메 일 hkm7708@hanmail.net

책값은 뒤표지에 있습니다.

ISBN 978-89-969760-2-8 03810

이 도서의 국립중앙도서관 출판시도서목록(CIP)은
서지정보유통지원시스템 홈페이지(http://seoji.nl.go.kr)와
국가자료공동목록시스템(http://www.nl.go.kr/kolisnet)에서
이용하실 수 있습니다.(CIP제어번호: CIP2013025639)